目的のない手段

——政治についての覚え書き

ジョルジョ・アガンベン

Mezzi senza fine : Note sulla politica
Giorgio Agamben

高桑和巳 訳

以文社

目的のない手段　目　次

凡例

一　本書は、Giorgio Agamben, *Mezzi senza fine: Note sulla politica* (Torino: Bollati Boringhieri, 1996) の日本語訳である。

二　引用されているテクストについては、既訳を採用せず新たに訳している。また、原著者による引用が重訳によって歪曲を被る可能性のある箇所は原則としてとくに断らずに原テクストに立ち返っている。註で相違を示した箇所も稀にある。

三　底本には註は存在しない（文献指示は基本的に本文中でおこなわれている）。本書の註はすべて訳者による。文献に日本語訳が存在するばあいは日本語訳のみを指示する。また、周知の章・節番号などで箇所を明示できるばあいはそうするにとどめる。

四　原書にはない人名索引を付している。

五　原書巻末にある初出書誌情報は補填のうえ「翻訳者あとがき」のなかで実質的に提示している。

六　本書は二〇〇〇年に日本語訳がはじめて刊行されているが、今回、版を改めるにあたり本文および註に全面的に手を入れている。タイトルも、『人権の彼方に　政治哲学ノート』から、原題をそのまま反映させた『目的のない手段　政治に関する覚え書き』に変更した。

ギー・ドゥボールを偲んで

目的のない手段

——政治についての覚え書き

序

ここに収めたテクストは、政治に関する、具体的に規定された個々の問題をそれぞれのしかたで考えようとしている。今日、政治は持続的な蝕に入りこんでおり、宗教や経済と比べて、さらには法権利と比べても下位のものとしておのれの姿を呈している。それは、政治が自らの存在論的地位に対する意識を失い、それにつれて、カテゴリーや概念を徐々に空疎化した変容と対決することをなおざりにしてきたからである。そこで以下では、概して（もしくは周縁的にしか）政治的とは見なされていない次のような経験や現象のなかに、純正な政治的パラダイムの数々が探し求められることになる。フーコーによる生政治の診断によれば国（ポリス）の中心に置き戻されたという、人間の自然的な生（厳密な意味での政治的領域からかつては排除されていたゾーエー）。例外状態（秩序の一時的な宙吊り。これが反対に、秩序のまったき根本構造を構成しているということが明らかになっている）。強制収容所（公私が区別できなくなる不分明地帯にして、私たちが生きている政治空間の隠れた母型）。人間と市民のあいだの結びつきを粉砕して、周縁的形象から近代国民国家の危機の決定的要因になる難民。私たちが生きている民主主義‐スペクタクル社会の政治を定義づけている、ある肥大の対象にして収用の対象である言語運用。政治の固有な圏域としての、純粋手段ないし身振り（つまり、手段であるにとどまりながら目的との関連から解き放たれている手段）の圏域。

ここに収めたテクストはいずれも、さまざまなしかたで、またそれぞれのテクストの生まれた機会にしたがって、ある工事現場へと差し向けられている。それはいまもなお作業中の工事現場である（その最初の成果が、エイナウディ社（トリーノ）から刊行された『ホモ・サケル』（一九九五年）である）。以下のテクストは、この工事現場の本源的中核を先取りしていることも、切れ端や断片を提示していることもある。そうである以上、これらはいずれ完成する仕事の観点からのみ本当の意味を見いだす定めにある。それは、主権的権力と剝き出しの生のあいだの関係に照らして私たちの政治の伝統の全カテゴリーを再考するという観点である。

一

〈生の形式〉

一

私たちが「生(ヴィータ)(vita)」という単語で了解しているものを表現するのに、ギリシア人は単一の辞項をもっていなかった。彼らは、意味的にも形態的にも互いに区別された二つの辞項を用いていた。一方の「ゾーエー(zōē)」は、生けるすべての者(動物、人間、神々)に共通の、生きているという単なる事実を表現していた。他方の「ビオス(bios)」は、これこれの個体や集団に固有の生の形式ないし生きかたを意味していた。この対立は近代の諸言語においては徐々に語彙から消滅していき(「生物学(biologia)」と「動物学(zoologia)」におけるように対立が保存されているばあいも、もはやこの対立はいかなる実質的な違いも指し示していない)、単一の辞項が、無数の生の形式のそれぞれにおいてつねに切り離すことのできる共通の剝き出しの前提を表している——その参照対象が聖化されるにつれて、その辞項の不透明性は増していく。

それに対して、〈生の形式〉という辞項で私たちが了解するのは、自らの形式からけっして分離されえない生である。その生において、何か剝き出しの生といったようなものを切り離すことはけっしてできない。

二

自らの形式から分離されえない生とは、生きかたにおいて生きること自体が問題となる生、生きること自体において何よりもまず生きかたが問題となる生である。この表現は何を意味するのか？　この表現によって定義づけられる生——人間の生——において、個々の生きかた、個々の生きる行為や生きるプロセスはけっして単に事実ではなく、何よりもまずつねに生の可能性であり、何よりもまずつねに潜勢力である。人間が生きることの振る舞いや形式は、特有の生物学的使命へとあらかじめ規定されているということも、何らかの必然性によってしかじかの任務を割りあてられているということもけっしてない。人間が生きることの振る舞いや形式は、いかに慣例化した、反復された、社会的に強制的なものであろうとも、可能性というありかたをつねに保存しており、つまりは生きること自体をつねに賭けている。人間はそれゆえ――つまり、することもしないことも、成功することも失敗することも、自分を見失うことも見いだすこともできる存在、潜勢力をもつ存在だから――、生きることにおいてつねに幸福が問題となる唯一の存在、手の施しようのないほどに、苦痛であるほどに生が幸福へと割りあてられている唯一の存在である。ただし、このことは即座に〈生の形式〉を政治的な生として構成する。(「国とは、そこで人間たちが生きるため、よく生きるために制定される共同体である[……](Civitatem [...] communitatem esse institutam propter vivere et bene vivere hominum in ea)」。(パドヴァのマルシリオ『平和の擁護者』1, 5, 2))

三

それに対して、私たちの知っている政治的権力はつまるところ、さまざまな生の形式という文脈から剝き出しの生の圏域を分離するというところにつねに基礎づけられている。ローマ法では「生(vita)」は法的概念ではなく、生きているという単なる事実を指すか、個別の生きかたを指すかである。「生」という辞項が法的な意味を獲得し、正真正銘の専門用語に変容するという事例は一つしかない。それは「ウィタエ・ネキスクエ・ポテスタス(vitæ necisque potestas)」という表現においてである。これは息子に対して父のもつ生殺与奪権を表している。ヤン・トマは、この定式においてqueが選言的価値をもたず、「生（vita）」が「殺害（nex）」の、つまり殺す権力の付随的結果でしかないということを示した。[*1]

このように、生は法権利においては元来、死の脅威をもたらす権力の補項としか見えていない。だが、父のもつ生殺与奪権に当てはまることは主権的権力（命令権）にはいっそう当てはまる。父のもつ生殺与奪権は主権的権力の原初的中核となっている。同様に、ホッブズのいう主権の創設においても、自然状態にある生は、生が死の脅威へと無条件に曝されていること（すべてに対する万人の無制限の権利）としてのみ定義づけられている。[*2] 政治的な生、つまりリヴァイアサンの保護下で展開される生は、これと同じ生がいまや、ただ主権者の手中にのみ休らっている脅威に曝されているものにほかならない。国家権力を定義づける「絶対的にして永続的な力（puissance absoluë & perpetuelle）」[*3] はつまるところ、これこれの政治的意志にではなく、剝き出しの生に基礎づけられており、この剝き出しの生が保存され保護されるのはもっぱら、主権者のもつ（あるいは法のもつ）生殺与奪権に従うかぎりにおいてである。（これこそが、人間の生を参照対象とする「聖なる（sacer）」という形容詞の原初的な意味にほかならない。）主権者がそのつど決定する例外状態とはまさに、通常の状況では数多くある社会的な生の形式に結びついているように見えている剝き出しの生が、政治的権力の窮極的基礎として明示的に問いただされるという状態のことである。例外化されるとともに国（ポリス）に包含されるべき窮極的主体は、つねに剝き出しの生である。

四

「被抑圧者たちの伝統は、私たちが生きている「例外状態」は規則だと教えてくれている。私たちは、このことに対応する歴史概念に到達しなければならない」[*4]。このベンヤミンの診断はいまや五十年以上も前のものだが、何も今日性を失っていない。今日、権力は自らに正統性を付与する形式を緊急事態以外にもたず、どこであれ絶えずこれに訴えかけるとともに、秘かにこれを生み出すように働いている（いまや緊急事態という基盤上でのみ機能しうるシステムが、いかなる

---

*1　以下を参照。Yan Thomas, "Vitæ necisque potestas: Le père, la cité, la mort," in Thomas, ed., *Du châtiment dans la cité* (Roma: L'École française de Rome, 1984), pp. 499-548.

*2　以下を参照。トマス・ホッブズ『リヴァイアサン』2, 17.

*3　ジャン・ボダン『国家論』1, 9. 正確には、この表現は「主権（souveraineté）」の定義として与えられている。

*4　ヴァルター・ベンヤミン「歴史概念について」第八テーゼ。

対価を払ってもこれを維持するということにもまた利害関心を抱いていると考えずにいられるだろうか?)。ただし、このことはベンヤミンの診断が今日性を失っていないことのさしたる理由でもない。もしくは、それがただ一つの理由なのではない。加えてとりわけ、主権の隠れた基礎だった剝き出しの生がこの間に至るところで支配的な生の形式になったというのもまた、その理由である。通常となった例外状態において、生とは剝き出しの生である。その剝き出しの生はあらゆる領域において、生の形式の数々を、それらが一つの〈生の形式〉へと凝集することから分離する。このようにして、マルクスのいう人間と市民のあいだの分裂は[5]、次のような分裂によって後を継がれる。一方の、主権の窮極的にして不透明な保有者である剝き出しの生と、他方の、法的‐社会的なアイデンティティ(有権者、被雇用者、ジャーナリスト、学生、あるいはまたHIV陽性者、異性装者、ポルノ女優、老人、親、女性)へと抽象的にコード化しなおされた数多くある生の形式、この両者間の分裂である。後者の生の形式はすべて前者の剝き出しの生に立脚している。(この剝き出しの生が生の形式から分離されて棄却されている状態を上位の原則――主権ないし聖なるもの――と取り違えてしまったというのがバタイユの思考の限界であって、それゆえバタイユの思考は私たちにとっては役に立たないものとなる[6]。)

五

「今日、賭けられているのは生である」[*7]——政治はそれゆえに生政治的なものになった——というフーコーのテーゼは、この意味で実質的に正確である。だが、ここで決定的なのはこの変容の意味がどのようなしかたで了解されるかである。じつのところ、生命倫理や生政治をめぐる今日の討論の数々において問われぬままとなっているのはまさに何よりもまず問われるに値するはずのもの、つまり生という生物学的概念自体である。ラビノウは二つのモデルを対称的に対置している。一方は、自分が白血病に罹り、自分自身の生を研究と無制限の実験をおこなう実験室にする科学者の「実験の生（experimental life）」というモデルであり、他方はその反対に、生の聖性の名において個人的倫理と科学技術の二律背反を激化させる者というモデルである。[*8]じつのとこ

*5　以下を参照。カール・マルクス「ユダヤ人問題によせて」花田圭介訳、『マルクス＝エンゲルス全集』第一巻（大月書店、一九五九年）三八四―四一四頁。
*6　たとえば以下（凌遅刑に関する記述）を参照。ジョルジュ・バタイユ『内的体験』江澤健一郎訳（河出書房新社［河出文庫］、二〇二二年）二五〇―二五三頁。
*7　ミシェル・フーコー『性の歴史』第一巻、渡邊守章訳（新潮社、一九八六年）一八一頁。ただし、原文では「近代人とは、政治において、生ける存在であるという自らの生が問題となる動物である」とある。
*8　ポール・ラビノウが一九九四年にパリの高等師範学校でおこなった講演による（原著者の教示による）。

ろ、この二つのモデルはそうと気づかぬまま、いずれも剝き出しの生という同一の概念に発している。この概念は――今日、科学的観念のような装いを呈しているが――実際には、世俗化された政治的概念である。（厳密に科学的な観点からすると、生という概念にはいかなる意味もない。メダワーは次のように書いている。「生きているとか死んでいるとかいう単語の「本当の」意味をめぐる［……］議論は、生物学的な会話では水準の低さを示すものと感じられる。このような単語には、注意深い研究によっていずれ明らかにされるような真の内的意味などない」[*9]。）

ここから、権力システムにおいて医学的‐科学的イデオロギーが、往々にして気づかれぬまま、とはいえ決定的なしかたで機能するということ、また政治的なコントロールを目的として科学的な疑似概念がますます用いられていくということが生じてくる。つまり、かつて主権者はしかじかの付帯状況において生の形式の数々から剝き出しの生を抽出していたが、それと同じ抽出がいまや、身体や疾病や健康に関する疑似科学的表象の数々によって、また、生と個人的想像力からなる圏域の「医学化」によって大々的かつ日常的に実行されており、その圏域はますます拡がっている。剝き出しの生の世俗化された形式であり、言われえぬもの、理解を阻むものという性質を剝き出しの生と共有している生物学的な生が、このようにして現実の生の形式の数々を文字どおり延命の諸形式へと構成する。そこでは、生物学的な生はきちんと検討されないままとなり、暴力、外国籍、疾病、事故において突如として現勢化しうる不明瞭な脅威とされる。生物学的な生は、権力者たちの間抜けな仮面の背後から私たちにまなざしを向けている不可視の主権者である。このことに気づいているにせよ気づいていないにせよ、権力者たちはその生物学的な生の名において私たちを統治している。

六

政治的な生は、つまり幸福理念へと向けられ一つの〈生の形式〉へと凝集する生は、この分裂からの解放、撤回不可能なしかたでなされるあらゆる主権からの脱出を出発点としてはじめて思考可能である。したがって、非国家的な政治の可能性についての問いは、必然的に次のような形式になる。今日、何か〈生の形式〉といったようなものは可能だろうか？　つまり、生きることにおいて生きること自体が問題となるような生、潜勢力の生といったようなものは可能だろうか？　今日、そのようなものは起こりうるだろうか？

生の形式の数々を〈生の形式〉という分離不可能な一つの文脈へと構成する結びつきを私たちは思考と呼ぶことにする。それによって私たちが了解しているのは、これこれの器官やしかじか

＊9　メダウォア『人間の未来』梅田敏郎訳（みすず書房、一九六四年）四頁（巻末頁）。

の心理的能力の個人的行使のことではなく、生と人間知性の潜勢的なありかたを対象とする一つの「経験（experimentum）」のことである。思考するとは、単にこれこれの物事によって、あるいは現勢力にあるしかじかの思考内容によって変状を被るということを意味するだけではなく、それとともに、自らの受容性によって変状を被ること、思考されているそれぞれのものにおいて、思考することができるという純粋な潜勢力を経験することをも意味する。（「思考とは、潜勢力にあるということを本性とする存在である。［……］思考は、現勢力において可知的なもののそれぞれになったときにも［……］何らかのしかたで潜勢力にとどまり、それで自らを思考することができる」。アリストテレス『霊魂論』429 a-b）

私がつねにすでにただ現勢力にあるだけでなく可能性や潜勢力へと引き渡されていてはじめて、また私が経験し私が了解したものにおいてそのつど問題になるのが生きること自体、了解すること自体であってはじめて——つまり、この意味で思考があってはじめて——一つの生の形式が、それ自体の現事実性と事物性において〈生の形式〉になることができる。そこにおいては、何か剝き出しの生といったようなものを切り離すことはけっしてできない。

七

ここで問題となっている思考の経験はつねに、共通の潜勢力の経験である。共同体と潜勢力とは余すところなく一致する。というのは、何らかの共同体原則があらゆる潜勢力に内属するというのは、あらゆる共同体の必然的に潜勢的なありかたのもつ機能だからである。つねにすでに現勢力にある存在たち、つねにすでにこれこれの物事、しかじかのアイデンティティであり、それらの物事やアイデンティティにおいて自らの潜勢力をまるごと汲み尽くしてしまっているような存在たちのあいだにはいかなる共同体もありえず、あるのはただ事実にもとづく偶然の符合と分割だけということになる。私たちが他者たちと交流できるのはただ、私たちにおいても他者たちにおいても潜勢力にとどまっているものを通じてであって、あらゆる交流は(ベンヤミンが言語について直観していたとおり)何よりもまず、共通なものの交流ではなく交流可能性の交流である。[*10] 他方、もし単一の存在があるとするならば、それは絶対的に潜勢力なきものだろう(神は無から(エクス・ニヒロ)、つまり絶対的に潜勢力なく世界を創造したと神学者たちが断言しているのはそのためで

*10　以下を参照。ベンヤミン「言語一般および人間の言語について」浅井健二郎訳、『ベンヤミン・コレクション』第一巻(筑摩書房[ちくま学芸文庫]、一九九五年)一一—一二頁。

ある）。私が何かをできるところでは、つねにすでに私たちは数ある者である（これは、一つの言語があるならば、つまり話すことができるという一潜勢力があるならば、それを話す存在は単一ではありえないというのと同様である）。

それゆえ近代政治哲学は、思念や「観想の生（bios theōrētikos）」を他から分離された孤独な活動（「独りの独りへの流謫[*11]」）としていた古典的思考とともに始まるのではなく、アヴェロエス主義とともに、つまり、すべての人間に共通なものである単一の可能的知性に関する思考とともにのみ始まる。それが開始されるのはとりわけ、ダンテが『帝政論』において、思考の潜勢力自体に「群がり（multitudo）」が内属すると断言しているところである。

この［人間の思考の］潜勢力は、ただ一人の人間やただ一つの個別の共同体によって全面的かつ同時的に現勢化されることはありえないのだから、人類のうちに群がりがあり、それによって全潜勢力が現勢化されるというのが必然的である［……］。全体として捉えられた人類の任務は可能的知性の潜勢力のすべてをつねに現勢化させることだが、それもまずは思念するためにであり、次いでその結果として行為するためにである。（『帝政論』1, 3–4）

八

社会的潜勢力としての知性と、マルクスのいう「一般的知性（General Intellect）」[12]は、この経験の観点からしてはじめて意味を獲得する。これらは、思考の潜勢力そのものに内属する「群がり（multitudo）」を名指すものである。知性や思考とは、生や社会的生産が分節化される生の形式の数々と並ぶ一つの生の形式ではなく、数多くある生の形式を〈生の形式〉へと構成する単一的潜勢力である。知性や思考は、あらゆる領域において剝き出しの生を生の形式から分離することによってしか自己肯定できない国家主権を前にして、生と生の形式とを絶えず一つに結びつけなおし、生が解体されてしまうのを妨げる潜勢力である。資本主義の今日の位相（スペクタクルの社会）は、社会知が生産プロセスの数々に単純かつ大々的に書きこまれることを特徴としているが、この位相と、敵対的潜勢力としての知性、〈生の形式〉としての知性を区別することは、この凝集を経験し、この分離不可能性を経験することによってなされる。思考とは〈生の形式〉のこと、生の形式から隔離されえない生のことである。理論においても、またそれに劣らず身体

＊11　プロティノス『エンネアデス』6, 9, 11.

＊12　マルクス『資本論草稿集』第二巻（『経済学批判要綱』第二分冊）資本論草稿集翻訳委員会訳（大月書店、一九九三年）四九二頁。

的プロセスの物質性においても、習慣的な生きかたの物質性においても、この分離不可能な生の内奥性が示されるところには、どこであれ思考がある。そこだけに思考がある。「権利」という衣装を暫定的にまとわせて剝き出しの生を表象している「人間」と「市民」へと剝き出しの生を遺棄しつつ、到来する政治の指導概念にして単一的中心になるべきはこの思考、この〈生の形式〉である。

人権の彼方に

一

一九四三年、ハナ・アーレントは『メノラー・ジャーナル』というユダヤ系の小さな英語雑誌に「私たち難民（We Refugees）」と題した論考を発表した。短いが意味深いこの論考の終わりで、彼女はコーン氏の肖像を論争的に素描している。このコーン氏は同化ユダヤ人で、一五〇パーセントのドイツ人、一五〇パーセントのウィーン人、一五〇パーセントのフランス人だった後、結局「二度は成り上がれない（on ne parvient pas deux fois）」と苦々しく気づかざるをえなかったという。アーレントはこの素描の後、自分が経験することになった祖国なき難民という条件を顛倒させ、この条件を新たな歴史意識のパラダイムとして提案している。あらゆる権利を失ったが、新たな国民アイデンティティにいかなる対価を払っても同化しようと欲することはやめ、難民という自分の条件を明晰に思念するという、そのような難民は明らかな不評と引き換えに測り知れない利益を受け取る。「彼らにとって、もはや歴史は閉じられた本ではなく、もはや政治は非ユダヤ人の特権ではない。ヨーロッパでなされたユダヤ人民の締め出しに、大半のヨーロッパ人民の締め出しがすぐに続いたということを彼らは知っている。国から国へと追い立てられた難民たちは、それらの人民の前衛を表象している［……］」[*1]。

この分析の意味について考察すべきだろう。ちょうど五十年を経た今日も、この分析は何も今日性を失っていない。ヨーロッパ内でも外でも、この問題はいずれ劣らぬ緊急性をもって姿を現している。それだけでなく、いまや国民国家が押しとどめようもなく没落し、伝統的な法的‐政治的カテゴリーの数々が全般的に腐蝕しているなかにあって、もしかすると難民は現代の人民の形象として唯一思考可能なものなのかもしれない。もしかすると難民は、少なくとも国民国家およびその主権の解体プロセスが完遂に至るまでは、到来すべき政治的共同体の諸形式および諸限界を私たちが今日垣間見るにあたって用いることのできる唯一のカテゴリーなのかもしれない。それどころか、眼前にある絶対的に新たな任務に見あう高みに私たちが身を置きたいのであれば、政治的なものの主体の数々を表象するにあたって自分たちがこれまで用いてきた根本概念の数々（権利ある人間や市民、あるいはまた主権者たる人民、労働者など）を留保なく遺棄し、難民というこの比類なき形象から出発して私たちの政治哲学を再構築すべく決意しなければならないということもありうる。

二

難民が大衆現象として最初に出現したのは第一次世界大戦の終わりのことである。ロシア、オーストリア＝ハンガリー、オスマン各帝国の失墜と、平和諸条約によって作られた新秩序によって、中東欧の人口態勢・領土態勢が深刻な混乱を見た。わずかのうちに、一五〇万の白系ロシア人、七〇万のアルメニア人、五〇万のブルガリア人、一〇〇万のギリシア人、数十万のドイツ人、ハンガリー人、ルーマニア人が自国から移動している。このような大衆の動きがあったということに、次のような事実によって規定された爆発的状況を付け加える必要がある。つまり、平和諸条約によって国民国家モデルにしたがって（たとえばユーゴスラヴィアやチェコスロ

＊1　ハンナ・アレント「われら亡命者」寺嶋俊穂訳、『パーリアとしてのユダヤ人』寺嶋ほか訳（未來社、一九八九年）三〇頁。なお、「二度は成り上がれない」は以下を参照している。オノレ・ド・バルザック「ド・カディニャン公妃の秘密」朝倉季雄訳、『バルザック全集』第二十四巻（東京創元社、一九八一年）三〇三頁。

ヴァキアへと）作られた新たな国家組織においては、人口の約三〇パーセントが、一連の国際条約（いわゆる少数民族保護条約）で保護されなければならない少数者となっていたが、そのような条約は往々にして死文であるにとどまった。数年後、ドイツにおける人種法とスペイン内戦によって、新たに大量の難民がヨーロッパ全体に撒き散らされた。

私たちは無国籍者と難民を区別することに慣れている。だが、この区別は当時も今日も、一見そう思われるほど単純ではない。専門的に言えば無国籍者ではない多くの難民が、祖国に戻るよりもむしろ無国籍者になるほうをはじめから望んだ（終戦時にフランスないしドイツにいたポーランド系およびルーマニア系ユダヤ人のばあいがそうだったし、今日では、政治的事由で迫害を受けている人々や、祖国に戻ることが生き延びることとの不可能性を意味する人々のばあいがそうである）。他方、ロシア、アルメニア、ハンガリー難民たちは、ソヴィエト、トルコその他の新政府によってただちに国籍を剥奪された。第一次世界大戦以来、ヨーロッパの多くの国家がどのようにして自国民の国籍剥奪および帰化国籍剥奪を可能にする法を導入しはじめるかを指摘しておくのは重要なことである。その最初は、「敵国」出身の帰化市民に関する法を一九一五年に布告したフランスである。一九二二年には、戦争中に「反国民的」行為を犯した市民の帰化を撤回したベルギーがこの模範に続いた。一九二六年にはファシスト政権が、「イタリアの市民権に値しない」者であることが示された市民に関する類似の法を発布した。一九三三年はオーストリアの番、云々と続く。このようなことは、ドイツ市民がニュルンベルク法によって完全な市民権を保有する市民と政治権をもたない市民に分割された一九三五年まで続いた。これらの法――また、その結果として生じた大量の無国籍者――は、近代国民国家の生における決定的な転換点をしるしづけ、また人民や市民といった無邪気な観念から生が決定的に解き放たれてしまったことをしるしづけている。

ここは、諸国家および国際連盟が、またその後に国際連合が難民問題に向きあおうとして設立したさまざまな国際委員会の歴史を辿りなおす場ではない。ロシア難民およびアルメニア難民のためのナンセン事務局（一九二一年）に始まり、ドイツ難民高等弁務官（一九三六年）、政府間難民委員会（一九三八年）、国連の国際難民機関（一九四六年）、そして今日の国連難民高等弁務官事務局（一九五一年）に至るまで、これら委員会の活動は規定上いずれも政治的性格をもたず、「人道的かつ社会的」な性格しかもたない。本質的なのは、これらの機関も諸国家も、（両大戦間に起こり、そしていま新たに起こっているように）難民がもはや個人的事例を表象せず大衆現象を表象するたびに譲渡不可能な人権を荘厳に喚び出すにもかかわらず、当の問題を解決するどころか単に問題に適切なしかたで直面することもまったくできないことが判明したということである。このようにして、この問いはまるごと警察と人道機関の手中に引き渡されてしまった。

三

官僚機構の利己主義や盲目だけがこの無力さの理由ではない。国民国家の法的秩序に出生を(つまり生を)書きこむことを統制している当の根本観念の数々が両義的だということもまた、その無力さの理由となっている。アーレントは、『帝国主義』〔『全体主義の起源』第二巻〕の第五章で難民問題を扱っているが、この章を「国民国家の没落と人権の終わり」と題した。この定式化を真面目に取ろうと試みなければならない。この定式化は人権の命運を近代国民国家の命運に堅く結びつけるものであり、それによって、国民国家が凋落するということが人権が廃れるということを必然的に含意するようになっている。ここでの逆説は、人権を体現する最たるものであるべき形象——難民——が反対に、人権概念のラディカルな危機をしるしづけているということである。アーレントは次のように書いている。「人間そのものという仮定の存在にもとづく人権の構想は、これを信ずると公言する者たちが、その他の特質や個別の関係をすべて——依然として人間であるということを除いて——本当に失ってしまった人々にはじめて直面した瞬間に瓦解した」[*2]。国民国家システムにおいて、いわゆる譲渡不可能な聖なる人権は、もはやそれが一国家の市民の権利として形づくられえないときに、すべての後ろ盾を奪われていることが示される。このことは、よく考察してみれば、一七八九年の「人間と市民との権利の宣言(Déclaration des droits de l'homme et du citoyen)」という題自体の両義性において暗黙のものとなっている。そこでは、「人間」と「市民」という二つの辞項が互いに区別される二つの現実を名指しているのか、その反対に第一の辞項が本当はつねにすでに第二の辞項に含まれているという二詞一意を形成しているのか、明瞭ではない。

何か純然たる即自的人間といったようなものには、国民国家の政治的秩序のなかにはいかなる自律的空間もない。このことは少なくとも、難民という地位が最善でも暫定的条件と見なされ、いずれは帰化ないし本国送還へと導かれるべきものとされてきたという事実を見れば明白である。即自的人間の安定的地位は、国民国家の法権利においては構想不可能である。

四

いまや、一七八九年から今日に至る権利の諸宣言を、権利の尊重へと立法者を拘束する傾向を帯びた布告、メタ法的な永遠の諸価値の布告と見なすことをやめ、近代国家におけるそれらの現実の機能がどのようなものであるかにしたがって考察すべきである。じつのところ人権は何より

＊2　アーレント『全体主義の起原』第二巻、大島通義・大島かおり訳（みすず書房、二〇一七年）三二二頁。

もまず、自然的な剥き出しの生が国民国家の法的‐政治的秩序に書きこまれることの原初的形象を表象している。この剥き出しの生（人間という被造物）は旧体制（アンシアン・レジーム）においては神に属し、古典世界においては（ゾーエーとして）政治的な生（ビオス）から明瞭に区別されていたが、それがいまや国家の配慮において前景に入りこみ、いわば国家の土台となっている。国民国家とは、出生や生まれを（つまり人間の剥き出しの生を）自らの主権の基礎とする国家を意味している。これが、一七八九年の宣言の冒頭三条の意味である（それは、それほど隠れた意味ですらない）。出生という要素をあらゆる政治的連合の核心に書きこんだ（第一条と第二条）からこそ、この宣言は、主権原則を国民（本義にしたがうと、「natio〔国民〕」はもともと単に「生まれ」を意味する）にしっかりと結びつけることができる（第三条）。

そうなると、人権宣言の数々は、神的起源をもつ王の主権から国民主権への移行が実行される場と見なされなければならなくなる。人権宣言は、旧体制（アンシアン・レジーム）の崩壊に続いて生ずべき新たな国家秩序に生を挿入することを保証する。人権宣言を通じて臣民が市民に変容するということは、生まれが――つまり自然的な剥き出しの生が――ここではじめて主権の直接の保有者になるということを意味している（この変容の生政治的帰結の数々を、いま私たちははじめて計り知ることができる）。旧体制（アンシアン・レジーム）においては互いに分離されていた出生原則と主権原則が、いまや撤回不可能なしかたで一つになり、新たな国民国家の基礎となる。ここで暗黙のものとなっている虚構とは、生まれが即座に国民になるということであり、それによって生まれと国民という二つの契機のあいだにはいかなる隔たりもありえないようになる。つまり、権利が人間に付与されるのはもっぱら、人間が市民の前提、即座に消え去る前提である（それどころか、人間は人間としてはけっして明るみに出てはならない）かぎりにおいてである。

五

国民国家の秩序において難民がこれほどに不安をもたらす要素を表象しているのは、何よりもまずそれが人間と市民の同一性、出生と国籍の同一性を粉砕することで主権の原初的虚構を危機に曝すからである。当然のことながら、この原則にもつねに個々の例外は存在した。だが、もはや国民国家の内部では表象されえない人類の部分がますます増えていくというのが、国民国家にその当の諸基礎において脅威をもたらす現代の新しいところである。一見すると周縁的なこの難民という形象が反対に私たちの政治史の中心的形象と見なされるに値するのはそのためである。この形象が国家－国民－領土という旧い三位一体を壊してしまうからである。忘れないでおくべきだが、最初の収容所は難民をコントロールするための空間としてヨーロッパに構築されたものであって、監禁収容所－強制収容所－絶滅収容所という継起は完璧に現実的な系統を表象している。国籍を（ニュルンベルク法の後に保持していた二等市民権さえも）完全に剥奪した後でなければユダヤ人やジプシーを絶滅収容所に送ることができないというのは、ナチが「最終的解決」のあいだ恒常的に遵守していた数少ない規則の一つである。権利がもはや市民の権利ではないとき、人間は、ローマの古法における意味で本当に聖なるもの、つまり死へと捧げられたものである。

六

難民概念を人権概念からきっぱりと解き放たなければならず、庇護権を（そもそも、いまや庇護権はヨーロッパ諸国家の立法において思いきった収縮へと向かっているが）難民という現象を書きこむ概念的カテゴリーと見なすことをやめなければならない（アグネス・ヘラーの最近の「庇護権に関するテーゼ[*3]」にまなざしを向ければ、今日それによって導かれる先は時宜を得ない混乱でしかありえないということが示される）。難民は難民の実態によって考察されなければならない。実態とはつまり、国民国家の諸原則をラディカルな危機に曝すとともに、いまや先送りできないカテゴリー更新のために領野を一掃することを可能にする限界概念のことにほかならない。

じつのところ、ヨーロッパ共同体諸国へのいわゆる非合法移民という現象はこの間（かん）に、観点のこの顚倒を十全に正当化するだけの性格と規模を帯びてきた（これから数年のあいだに、二〇〇〇万と予測されている中欧諸国からの移民によって、その性格と規模はますます際立つことだろう）。今日、産業先進諸国家が目の前にしているのは市民ではない定住者からなる大衆であって、彼らは帰化することも祖国に送還されることもできず、またそれを欲してもいない。市民ではないこれらの者たちは往々にして出身の国籍をもってはいるが、難民と同様に「事実上の無国籍者」という条件下に置かれる。本国による保護を享受しないことのほうを望むからである。トーマス・ハンマーは、市民ではないこの居住者を指すために「居留民（denizen）」という辞項を用いることを提案したが、[*4]この辞項には、「市民（citizen）」概念がいまや近代国家の政治的‐社会的現実を描写するのにいかに不適切なものになっているかを示すという利点がある。他方、産業先進諸国家（アメリカやヨーロッパ）の市民は、コード化された政治参加の審級からますます逃げ出していき、その脱走を通じて居留民に、つまり市民ではない定住者に変容しようとする明白な性向を表明している。それによっていま、市民と居留民は少なくともしかじかの社会階層においては、互いに区別しがたい潜勢的な不分明地帯へと入りこむようになっている。それと並行し

＊3　以下を参照。Ágnes Heller, "Zehn Thesen zum Asylrecht," *Die Zeit*, no. 46 (Hamburg: Die Zeit, November 6, 1992), p. 60.

＊4　以下を参照。トーマス・ハンマー『永住市民と国民国家』近藤敦監訳（明石書店、一九九九年）。

て、形式的な違いがあるところで実質的な同化がおこなわれると嫌悪と不寛容が激化するという周知の原則にしたがって、外来者を嫌悪する反動や防衛的な動員がますます見られるようになる。

七

ヨーロッパに絶滅収容所がふたたび開設される前に（いま、すでにそうなりはじめているが）、国民国家は、出生を書きこむという原則自体を、またその原則に基礎づけられている国家‐国民‐領土という三位一体を、問いに付す勇気を見いだす必要がある。この問いただしが具体的にどのようなしかたでなされうるかをいまから指し示すのは容易ではない。ここでは、ありうべき方向を一つ示唆するだけで充分である。イェルサレム問題の解決にあたって検討された選択肢の一つに、領土分割をしないままイェルサレムが同時に二つの異なる国家組織の首都になるというものがあったことは知られている。このことが含意している相互的な外領土性（より正しく言えば、無領土性）という逆説的条件は、新たな国際関係のモデルとして一般化できるだろう。脅威となる不確かな国境によって互いに分離されている二つの国民国家の代わりに、同一の地域に立脚した二つの政治的共同体を想像することが可能だろう。そのばあい、二つの政治的共同体はそれぞれが互いのなかへと脱出しており、一連の相互的な外領土性によって互いに分節化される。そこにおける指導概念はもはや市民の「法権利（jus）」ではなく、個々の者の「避難所（refugium）」となる。これに類似した意味で、私たちはヨーロッパを、近々の破局がすでに垣間見えている「諸国民のヨーロッパ」という不可能なものと見なすのではなく、ある無領土的ないし外領土的な空間と見なすことができるだろう。その空間にあっては、ヨーロッパ諸国家の居住者は（市民であるかないかを問わず）誰もが脱出中ないし避難中という立場にあり、ヨーロッパ人であるという地位は当該市民が〈脱出中であること〉を意味する（当然のことながら、その脱出は動きのないものでもありうる）。このようにして、ヨーロッパという空間は生まれと国民のあいだの縮減不可能な隔たりをしるしづけることになる。この隔たりにおいてこそ、人民という旧い概念が（知ってのとおり、人民というのはつねに少数者である）、国民概念（これまで人民概念を不当に簒奪してきた概念）に決然と対立して政治的な意味をあらためて見いだすことができるようになる。

この空間は、いかなる同質的な国民的領土ともその地勢的総和とも一致せず、それらに対して位相幾何学的に穴を穿ち分節化することで働きかけることだろう。内部と外部が互いに不分明になるクラインの壷[*5]やメビウスの帯におけるようにである。この新たな空間にあって、ヨーロッパ

＊5　原文で bottiglia di Leida（ライデン瓶）とあるが、bottiglia di Klein と読み、訂正した。

の諸国（ポリス）は相互的な外領土性という関連へと入りこみ、世界国（ポリス）という古えの使命をあらためて見いだすことだろう。

レバノンとイスラエルのあいだの一種の無主地には今日、イスラエルから追い出された四百二十五人のパレスティナ人がいる。この人々はたしかに、アーレントの示唆するとおり「それらの人民の前衛」となっている。だがそれはその人々が、イスラエルによるユダヤ人問題の解決にもおそらくは劣らぬような不充分なしかたでパレスティナ問題を解決する将来の国民国家の原初的中核を形成しているという意味においてそうだというのでは必ずしもないし、それにとどまらない。その人々が難を逃れている無主地はむしろ、イスラエルの領土に穴を穿ち変成させることで、この国家の領土に対していまから過去へと遡及的に働いた。それによって、あの雪に覆われた丘のイメージは、イスラエルの他のいかなる地域よりもイスラエルにとって内的なものとなるようになっている。人間の政治的延命は今日、諸国家の空間がこのように穴を穿たれ位相幾何学的に歪められた大地においてのみ、市民が自分自身を難民として見分けることのできた大地においてのみ思考可能である。

人民とは何か？

一

「人民（popolo）」という辞項の政治的な意味に関する解釈はすべて、ある特異な事実から出発しなければならない。それは、近代のヨーロッパ諸言語においてはこの辞項が貧民、恵まれぬ者たち、排除されている者たちをもつねに指しているという事実である。つまり、同じ一つの辞項が構成的な政治的主体を名指しもするし、権利上はともあれ事実上は政治から排除されている階級を名指しもする。

イタリア語 popolo、フランス語 peuple、スペイン語 pueblo は（また、それぞれに対応する形容詞 popolare, populaire, popular も、これらすべての派生元である後期ラテン語 populus と

popularis も)、日常言語においても政治的語彙においても、単一的政治体としての市民の総体を表しもするし(「イタリア人民(popolo italiano)」や「人民判事(giudice popolare)」におけるように)、下層階級に属する者たちを表しもする(「民衆出身の人間(homme du peuple)」、「庶民的な界隈(rione popolare)」、「人民戦線(front populaire)」におけるように)。英語のpeopleの意味はそれよりも未分化ではあるが、これも富裕者や貴族に対する「一般庶民(ordinary people)」という意味を保存している。かくして、アメリカ合衆国憲法には何の区別もなしに「私たち合衆国人民は……(We the People of the United States...)」とあるが、リンカンがゲティスバーグ演説で「人民の、人民による、人民のための統治(government of the people, by the people, for the people)」に訴えるとき、この反復は第一の人民に第二の人民を暗黙のうちに対立させている。フランス革命のあいだも(つまり、人民主権原則がまさに要求されているときにも)この両義性が本質的だったということは、排除されている階級として了解される人民に対する同情がそこで果たした決定的な機能によって証し立てられる。「この単語の定義自体が同情から生まれており、この辞項は不運や不幸と等価なものとなった――「人民、この不幸な者たちが私を讃える(le peuple, les malheureux m'applaudissent)」とロベスピエールはよく口にしたし、革命を彩る人物たちのなかでも最も感傷性を欠き最も思慮深い者の一人だったシエイエスでさえ「つねに不幸な人民(le peuple toujours malheureux)」と言っていた[*1]」とハナ・アーレントは指摘している。ただし、すでにボダン『国家論』の民主主義ないし「人民国家（estat populaire）」が定義されている章で、この概念は反対の意味で二重になっている。そこでは、主権の保有者としての「人民体（peuple en corps）」に「零細人民（menu peuple）」が対置され、賢明さは後者を政治的権力から排除するよう勧めている。[*2]

二

意味の両義性がこれほど拡散し、恒常的に見られるというのは偶然ではありえない。この両義性は、西洋政治における人民概念の本性と機能に内属する曖昧さを反映しているにちがいない。つまり、まるで私たちが人民と呼んでいるものが実際には単一的な主体ではなく、互いに対立する二極間の弁証法的振動であるかのようにすべてが起こっている。その二極の一方は、完全な政治体としての「〈人民〉（Popolo）」という集合であり、他方は、排除されている貧窮した身体が断片的に数多くある状態としての「人民（popolo）」という下位集合である。あちらには、余す

＊1　ハンナ・アーレント『革命論』森一郎訳（みすず書房、二〇二二年）九〇頁。
＊2　以下を参照。ジャン・ボダン『国家論』2, 7.

ところなくおこなうと主張される包含があり、こちらには、希望がないとわかっている排除がある。一方の端には、主権ある統合された市民たちからなる全体的国家があり、他方の端には、悲惨な者、被抑圧者、敗残者たちの界隈――貧民街や収容所――がある。この意味では、人民という辞項のまとまった単一の参照対象などどこにも存在しない。政治に関する他の多くの根本概念と同様、人民も（この点ではアーベルとフロイトの「原始語（Urworte）」[*3]に、またデュモンの位階的諸関連に似て）[*4]二極性をもつ概念であって、それは二重運動を、二極間の複合的関連を指し示している。だが、このことはまた、ヒトという種を一つの政治体へと構成するということが根本的な分裂を通じてなされるということ、本源的な政治的構造を定義づけるカテゴリー対の数々を私たちは人民概念のなかに困難もなく見分けることができるということを意味してもいる。そのカテゴリー対とは、剝き出しの生（人民）と政治的実存（〈人民〉）、排除と包含、ゾーエーとビオスである。つまり、人民はつねにすでに自らのうちに根本的な生政治的亀裂を帯びている。人民は、自らが部分をなしている当の全体のなかに包含されることができないもの、自らがつねにすでに包含されている当の集合に属することができないものである。

　政治という舞台に喚び出され賭けられるたびに人民によって引き起こされる矛盾とアポリアの数々がここから生じてくる。人民は、つねにすでに存在しているにもかかわらず実現されなければならないものである。これはあらゆるアイデンティティの純粋な源泉であるが、排除、言語、血、領土を通じて絶えず定義しなおされ純化されなければならない。あるいはまたその対極では、人民は本質からして自らに欠けているものであって、それゆえその実現はそれ自体の廃絶と一致する。人民は、存在するためには自らの反対物によって自らを否定しなければならないものである（人民のほうへと向かうとともにその廃絶を目指すという、労働運動に特有のアポリアの数々がここから生じてくる）。人民は反動の血塗れの旗印にも、革命や人民戦線の数々のあやふやな記章にもなるが、いずれのばあいも人民には友‐敵の分裂よりも原初的な分裂が、絶えることなき内戦が含まれている。その内戦はあらゆる紛争よりもラディカルに人民を分割しながら、それとともに人民を一つになったものとして維持し、いかなるアイデンティティよりもしっかりと人民を構成する。それどころかよく見れば、マルクスが階級闘争と呼んでいるもの、実質的には定義されぬままであるにもかかわらず彼の思考のなかであれほど中心的な座を占めているものとは、あらゆる人民を分割しているこの内乱のことにほかならない。階級なき社会において、もしくは

＊3　以下を参照。Carl Abel, *Über den Gegensinn der Urworte* (Leipzig: Wilhelm Friedrich, 1884)；ジークムント・フロイト「原始語のもつ逆の意味について」高田珠樹訳、『フロイト全集』第十一巻（岩波書店、二〇〇九年）二〇五―二一三頁。

＊4　以下を参照。ルイ・デュモン『ホモ・ヒエラルキクス』田中雅一・渡辺公三訳（みすず書房、二〇〇一年）。

メシアの君臨において〈人民〉と人民が一致し、厳密な意味でもはやいかなる人民もなくなってはじめて、この内乱は終わることになる。

三

人民の内部に根本的な生政治的亀裂が必然的に含まれているということが本当ならば、今世紀の歴史の決定的な数ページを新たなしかたで読むことが可能になるだろう。というのも、二つの人民間の闘争は以前からつねに進行中だとしても、現代において窮極的かつ爆発的な加速を被ったからである。古代ローマにおいては、人民の内的分裂は人民（ポプルス）と平民（プレブス）を明瞭に分割することによって法的に裁可されており、両者はそれぞれ自分たちの制度、自分たちの行政官をもっていた。中世においてもそれと同様に、微細人民（ポポロ・ミヌート）と富裕人民（ポポロ・グラッソ）の区別が技芸や職業の明確な分節化に対応していた。だが、フランス革命から人民が主権の単一の受託者になると、人民は邪魔な存在へと変容し、はじめて悲惨と排除がまったく容認されえないスキャンダルに見えてくる。近代においては、悲惨と排除はただ経済的、社会的な概念であるだけでなく、すぐれて政治的なカテゴリーである（近代政治を支配していると思われる経済主義や「社会主義」はすべて、実際には政治的な意味、それどころか生政治的な意味をもっている）。

この観点からすると、現代とは、排除されている者たちという人民をラディカルに除去することで、人民を分割している分裂を埋めようとする企て――執拗にして几帳面な企て――にほかならない。この企てはさまざまな様態や地平にしたがって右派と左派、資本主義諸国と社会主義諸国を近づけるが、この両者は、分割されざる一つの人民を生み出すという企図において一つになっている――これは結局のところ虚しい企図ではあるが、すべての産業先進国において部分的には実現された。発展への強迫が今日これほど効果的なのは、それが亀裂なき一つの人民を生み出すという生政治的な企図と符合しているからである。

この考えに照らすと、ナチ・ドイツにおけるユダヤ人殲滅はラディカルなまでに新しい意味を獲得する。国民という政治体に統合されることを拒否する人民としてのユダヤ人は（じつのところ、その同化はすべて本当はただ見せかけにすぎないものと想定される）人民の代表者の最たるものというか、ほとんどその生ける象徴とでも呼べるものである。この人民とは、近代が自らの内部に必然的に作り出す剝き出しの生、にもかかわらずもはやその現前がいかなるしかたでも容認されえない剝き出しの生のことである。完全な政治体としての人民の代表者の最たるものであるドイツ人民（フォルク）がユダヤ人を永久に除去しようとして見せた明晰な猛威のうちに、私たちは〈人民〉と人民を分割する内乱の極相を見て取らなければならない。最終的解決（これはジプシーやその他の統合不可能な者たちをも巻きぞえにしたが、それも偶然ではない）によってナチズムは、西洋の政治という舞台をその容認されえない暗がりから解き放とうと不明瞭かつ無用に努め、ついには本源的な生政治的亀裂を埋める人民としてのドイツ人民(フォルク)を生み出してしまう（いま、自分たちはユダヤ人とジプシーを除去することで本当はヨーロッパの他の人民たちのためにも働いているのだとナチの高官たちがあれほど執拗に繰り返しているのはそのためである）。

エスと自我(イッヒ)の関連についてのフロイトの公準を言い換えて、近代生政治は「剝き出しの生があるところに〈人民〉がなければならない」という原則に牛耳られていると言うこともできるだろう。[*5] ただし、「〈人民〉があるところに剝き出しの生があることになる」という逆の定式化においてもこの原則は成り立つと即座に付け加えるならばである。このようにして、人民（ユダヤ人がその象徴である）を除去することで埋まったと信じられた亀裂は新たに再生産され、この亀裂はドイツ人民をまるごと、死へと捧げられた聖なる生へと、際限なく純化されなければならない生物学的身体へと変容させる（精神疾患の病者や遺伝性疾患の保有者を除去することで）。今日では、これとは異なるとはいえ類似したしかたで、発展を通じて貧民階級を除去しようという民主主義‐資本主義的な企図が、排除されている者たちという人民を自らの内部に再生産し、それだけでなく第三世界の全人口を剝き出しの生へと変容させている。この振動を押しとどめることができ、この地上の人民と国(ポリス)の数々を分割している内戦に終わりをもたらすことができるのは、西洋の根本的な生政治的分裂に決着をつけることができた政治だけだろう。

＊5 以下を参照。フロイト『続・精神分析入門講義』道籏泰三訳、『フロイト全集』第二十一巻（岩波書店、二〇一一年）一〇四頁。

収容所とは何か？

収容所で起こったことは犯罪という法的概念を超え出ている。あの出来事の数々が生み出された特有の法的‐政治的構造を考察することが、往々にして単になおざりにされているほどである。収容所とはただ、それまでこの地上にもたらされたことのない、絶対的きわまりない「非人間的条件（condicio inhumana）」が実現された場にすぎない。結局のところ、これが犠牲者たちにとっても後世の者たちにとっても大事なことではある。だが、私たちはここで逆の方向を故意に辿ることにする。そこで起こったさまざまな出来事から収容所の定義を演繹するのではなく、むしろ私たちはその代わりに次のように問うことにする。収容所とは何か？　このような出来事が起こることを可能にした法的‐政治的構造とはどのようなものか？　このように問えば、私たちは収容所を歴史的な一事実、過去（ばあいによっては依然として検証可能であるにせよ）に属する一異常であると見なすのではなく、私たちがいまもなお生きているこの政治空間の隠れた母型にしてノモスであると何らかのしかたで見なすよう導かれることになる。

　収容所の最初の出現として同定すべきは、植民地人の蜂起を鎮圧するために一八九六年にスペイン人がキューバに作った「強制収容所（campos de concentración）」か、あるいは今世紀初頭にイギリス人がボーア人を押しこめた「強制収容所（concentration camps）」かと歴史家たちは議論している。ここで重要なのは、いずれのばあいも、植民地戦争に結びついている例外状態が民間人全体に拡張されているということである。つまり、収容所は通常法からではなく（また、そのように信じられてきたこともあるが、監獄法の変容や発展からではなおさらなく）、例外状態と戒厳令から生まれている。このことはナチの収容所（ラーガー）についてはさらに明白である。その起源や法体制について、私たちには充分な資料がある。収容所への監禁の法的基盤が普通法ではなく「保護拘留（Schutzhaft）」（文字どおりには保護的に監護すること）だということは知られている。これはプロイセン法から派生している法制度である。ナチの法学者はこれを予防的な治安措置に分類することもあった。刑法に抵触するいかなる振る舞いとも無関係に、もっぱら国家のセキュリティに対する危険を回避するという目的で個人を「監護すること」を可能にするからである。だが、保護拘留（シュッツハフト）の起源は戒厳状態に関するプロイセン法にある。これは一八五一年六月四日に発布され、一八七一年にドイツ全土（バイエルンを例外とする）に拡張された。あるいは、起源はそれよりもさらに前、一八五〇年二月十二日に発布された「個人の自由の保護（Schutz der persönlichen Freiheit）」に関するプロイセン法にある。この法は第一次世界大戦に際して大々的に適用された。

　例外状態と強制収容所のこの構成的な結びつきは、収容所の本性を正確に理解するためにはどれほど大きく見積もっても過大にはならないだろう。皮肉なことだが、保護拘留において問題となっている自由の「保護」とは、緊急事態の特徴である法の宙吊りに抗してなされる保護である。新しいのは、自らが基礎としていた例外状態からこの制度がいまや解き放たれ、通常の状況でも効力をもったままになるというところである。収容所とは、例外状態が規則になりはじめるときに開かれる空間のことである。本質的には秩序の一時的な宙吊りだった例外状態が、収容所において常設的な空間的態勢を獲得する。ただし、この態勢そのものは通常の秩序の外に恒常的にとどまっている。一九三三年三月、ヒトラーが第三帝国首相に選出されたことが祝われたのとちょうど時を同じくして、ヒムラーはダッハウに「政治犯のための強制収容所」を作ることを決定した。この収容所は即座にSSに委ねられ、保護拘留によって刑法や監獄法の諸規則の外に置かれた。そのとき、収容所は刑法とも監獄法とも何も関わりはなかったし、それ以降も関わりはない。ダッハウも、すぐ後にこれに続いた他の収容所（ザクセンハウゼン、ブーヘンヴァルト、リヒテンベルク）も、潜在的にはつねに稼働中だった。収容所の住民規模はさまざまに変化していた（しかじかの時期、とくにユダヤ人の移送が始まる前にあたる一九三五年から一九三七年までは、住民数は七五〇〇人にまで縮減されていた）。だが、収容所そのものはドイツにおいて常設的な現実となっていた。

例外空間としての収容所の逆説的なありかたについて考察しなければならない。それは通常の法的秩序の外に置かれた領土の欠片だが、だからといって単に外部空間だというのでもない。収容所において排除されているものは、「例外（eccezione）」という辞項の語源的な意味（「外に-捉える（ex-capere）」）にしたがって外に捉えられ、自らが排除されること自体によって包含されている。だが、このようにして秩序のなかに何よりもまず捕らわれているのは当の例外状態である。つまり、主権的権力は例外状態についてのありうべき決定に基礎づけられているが、収容所とはその例外状態が安定的に実現されている構造のことである。収容所においてまったき明るみのもとに立ち現れるのは、全体主義的支配を牛耳っている「すべてが可能である」という原則、常識が認めることを執拗に拒否する原則であるとハナ・アーレントは指摘したことがある。[*1] 収容所は、すでに見た意味で法が完全に宙吊りにされている例外空間となっているからこそ、そこではすべてが本当に可能である。まさに例外を安定的に実現することを使命とする、収容所に特有の法的-政治的構造を理解しなければ、そこで起こった信じられないことはまったく理解できないままになる。収容所に入りこんだ者は、外部と内部、例外と規則、合法と非合法のあいだの見分けがつかない不分明地帯のなかを動いており、そこにはいかなる法的保護もなかった。その上、その者がユダヤ人であればニュルンベルク法によってすでに市民権を奪われており、次いで「最終的解決」のときには完全に国籍を剝奪されていた。収容所はこれまでに実現されたなかでも最も絶対的な生政治的空間でもある。そこに住む者があらゆる政治的地位を奪われて剝き出しの生へと完全に縮減されているからである。そこで権力が目の前にしているのは、いかなる媒介もない純粋な生物学的生である。それゆえ、政治が生政治的になり、ホモ・サケルが潜在的には市民と混同されるところでは、収容所は政治空間のパラダイム自体である。したがって、収容所で犯された恐ろしい行為の数々に関して立てるべき正確な問いとは、人間に対してこれほど残虐な犯罪を犯すことがどのようにして可能だったのかという偽善的な問いではない。それよりも誠実な、とりわけより有用なことは、いかなる行為を犯そうともはやそれが犯罪に見えないほどにまで完全に人間が自らの権利や特権を奪われるということが可能だったのは（じつのところ、すべてはそこまで本当に可能になっていた）どのような法的手続き、どのような政治的装置によってのこ

＊1　以下を参照。ハンナ・アーレント『全体主義の起原』第三巻、大久保和郎・大島かおり訳（みすず書房、二〇一七年）二四六頁。

となのかを注意深く探究することだろう。

収容所の本質が例外状態に物質的実体を与えること、また、その帰結として剝き出しの生そのもののための空間を作り出すことにあるというのが本当ならば、そのような構造が作り出されるたびに、そこで犯される犯罪の実体とは無関係に、またその構造がいかなる命名、いかなる特有の地勢のものであれ、そこには潜在的には収容所があるということを私たちは認めなければならないことになる。一九九一年にイタリアの警察がアルバニアの非合法移民を本国に送り返す前に暫定的に押しこめたバーリの競技場も、ヴィシー政府がユダヤ人をドイツ人に引き渡す前に集めた冬期競輪場も、アントニオ・マチャードが一九三九年に死んだとき近隣にあったスペイン国境の難民収容所も、難民としての地位認定申請中の外国人を留置しておくフランスの国際空港の「待機地帯（zones d'attente）」も収容所である。これらのいずれのばあいにおいても、一見すると何の変哲もない場（たとえばロワシー〔パリ国際空港〕のアルカード・ホテル）が、実際にはある空間を画定している。そこでは通常の秩序が事実上宙吊りにされ、（たとえば、外国人が司法当局の介入の前に待機地帯（ゾーヌ・ダタント）に留置されている四日間に）残虐なことが犯されるか否かは法権利に依存するのではなく、暫定的に主権者として振る舞う警察の礼節と倫理感覚にもっぱら依存する。だが、ポスト産業的大都市のしかじかの周辺部やアメリカのゲイテッド・コミュニティも今日、この意味では収容所に似はじめている。そこでは、少なくともいくつかの具体的に規定された契機にあっては、剝き出しの生と政治的な生が、互いに見分けられない絶対的な不分明地帯に入りこんでいる。

この観点から見ると、現代における収容所の誕生は、近代の政治空間自体を決定的なしかたでしるしづける一つの出来事に見えてくる。近代国民国家の政治システムは、具体的に規定された場所確定（領土）と具体的に規定された秩序（国家）の機能的な結びつきに基礎づけられており、その結びつきは、生（生まれないし国民）を書きこむという自動的な諸規則によって媒介されていた。この政治システムが持続的危機に入りこみ、国家が国民の生物学的な生への配慮を自らの任務の一つとして直接引き受けることを決定するところで、収容所が生み出される。つまり、国民国家の構造が領土、秩序、生まれという三要素によって定義づけられるとするならば、旧いノモスの破断が生み出されるのは、シュミットによればノモスを構成していたとされる二局面（「場所確定（Ortung）」と「秩序（Ordnung）」）[*2]においてではなく、剝き出しの生（そのようにして国民となる生まれ）がそれらの内部に書きこまれることによってしるしづけられるところにおい

＊2　以下を参照。カール・シュミット『大地のノモス』新田邦夫訳（慈学社出版、二〇〇七年）一四―二五頁。

てである。この書きこみを統制していた伝統的メカニズムの数々において、何かがもはや機能しえなくなっている。収容所は、生を秩序に書きこむための隠れた、新たな統制装置である——あるいはむしろ、致死機械へと変容しなければシステムが機能しえないということのしるしである。収容所が、市民権に関する、また市民の国籍剥奪に関する新法（第三帝国の市民権に関するニュルンベルク法だけでなく、一九一五年から一九三三年までのあいだにフランスを含むヨーロッパの国家のほとんどすべてが発布した市民の国籍剥奪に関する法もである）とともに出現しているというのは意味深い。本質的には秩序の一時的な宙吊りだった例外状態が、いまや新たな、安定的な空間的態勢になる。それにつれて、この空間的態勢に住むあの剝き出しの生はますます秩序に書きこまれなくなっていく。生まれ（剝き出しの生）と国民国家のあいだがますます隔絶していくということは現代政治の新事実であり、私たちが「収容所」と呼んでいるのはこの隔たりのことである。場所確定のない秩序（法が宙吊りにされている例外状態）にいまや対応するのが、秩序のない場所確定（常設的な例外空間としての収容所）である。政治システムはもはや、具体的に規定された空間において生の形式の数々や法的諸規範を秩序づけることはなく、自らを超過する、場所を脱臼させる場所確定を自らの内部に含んでいる。潜在的にはすべての生の形式、すべての規範がこのなかに捉えられうる。場所を脱臼させる場所確定としての収容所は、私たちがいまもなおそのなかで生きている当の政治の隠れた母型であって、私たちは、そのあらゆる変容を通じてこの母型を見分けることを学ばなければならない。これは、国家－国民（生まれ）－領土という旧い三位一体を粉砕しながらこれに付け加わった、分離不可能な第四の要素である。

旧ユーゴスラヴィアの諸領土に、ある意味ではさらに極端な形式を取ってふたたび収容所が登場しているが、この再登場にはこの観点からこそ目を向けなければならない。いまあそこで起こりつつあるのは新たな民族態勢・領土態勢にしたがってなされる旧い政治システムの再定義であって、つまりはヨーロッパの国民国家の政体をもたらしたプロセスを単に反復するものなのだと、利害関心のある観察者たちは慌ただしく宣明したが、これはまったくそのようなものではない。むしろそこでは、全面的に新しい逃走線にしたがって、旧いノモスが手の施しようのないしかたで破断され、人口が、また人間の生の数々が脱臼を被っている。ここから、民族強姦収容所のもつ決定的重要性が生じてくる。ユダヤ人女性を妊娠させることで「最終的解決」を実行するということをナチがけっして考えなかったのは、国民国家の秩序に生を書きこむことを保証していた出生原則が、深刻な変容を被っていたとはいえ何らかのしかたで依然として機能していたからである。いまや、この原則は脱臼と漂流のプロセスに入りこんでいる。そのプロセスにあって、出生原則が機能することは明らかに不可能となり、私たちは新たな収容所を予期しなければならないだけでなく、生を国（ポリス）に書きこむことの新たな規範的定義が次々に登場し、それがますます錯乱した定義になっていくことをも予期しなければならない。いまや国（ポリス）の内部にしっかりと自らを据えた収容所は、この地球の新たな生政治的ノモスである。

二

身振りについての覚え書き

一　西洋ブルジョワジーは、十九世紀末には自らの身振りを決定的に失っていた。

パリ・サルペトリエール病院の元内勤医ジル・ド・ラ・トゥーレットは一八八六年、ドラエー・エ・ルクロニエ社から『歩行に関する臨床的・生理学的研究』を出版した。人間の何の変哲もない身振りが厳密に科学的な方法によって分析されたのは、これがはじめてのことだった。その五十三年前、ブルジョワジーの良識が依然として手つかずのままだったとき、バルザックは社会生活を扱う全般的病理学の計画を予告したが、そこから生み出されたのはたかだか五十ページからなる「足取りの理論」という研究にすぎず、それも結局は期待外れの出来だった。[*1] これら二つの企てを互いに分離しているのは時間的な距離だけではない。その距離を何よりも明らかにしているのが、人間の歩行に関してジル・ド・ラ・トゥーレットがおこなっている描写である。バルザックには心的性格の表現しか見えなかったところで、すでに映画の預言となっているまなざしが働いている。

左脚が支点となり、右足は踵から爪先に旋回運動を受けながら地面から持ち上がる。爪先は最後に地面を離れる。この脚全体が前方に運ばれ、次いで足が踵から接地する。そのとき、回転を終えて爪先だけで支えられている左足のほうが地面を離れる。左脚が前方に運ばれ、右脚の側方を通過する。ここで左脚は右脚に接近し、次いで追い越し、左足が踵から接地する。ここで、右足のほうが回転を終える。*2

このたぐいの視覚を備えた目だけがあの足跡測定法を開発することができた。ジル・ド・ラ・トゥーレットはこの測定法を完成させたことにかなりの誇りをもっているが、それも正当なことである。長さ約七ないし八メートル、幅五〇センチの白い巻紙を地面に釘留めし、長軸に沿って鉛筆で分割線を引く。被験者の両足裏には、見事な赤錆色に染まるように粉末状の三二酸化鉄をまぶす。引いてある線に沿って歩く患者が残す足跡によって、足取りがさまざまな媒介変数にしたがって完璧に計測される(歩幅、横方向の隔たり、傾斜角など)。

ジル・ド・ラ・トゥーレットの発表した足跡の複写を観察すると、まさにその時代にマイブリッジがペンシルヴェニア大学で二十四の対物レンズからなる装置を用いて撮影している一連の瞬間写真のことを考えずにはいられない。[*3]「通常の速度で歩く男性」「銃を担いで走る男性」「歩いて水差しを拾いあげる女性」「歩いて投げキスをする女性」。彼らは、あの足跡を残した人知れず苦しむ被造物たちの、目に見える幸福な双生児たちである。

歩行に関する研究の出版の一年前には、「エコラリアやコプロラリアをともなう協調運動失調を特徴とする一神経疾患に関する研究」が発表されている。[*4]この研究によって臨床上の枠組みを与えられた疾患は、次いでジル・ド・ラ・トゥーレット症候群と呼ばれることになった。日常的きわまりない身振りから距離を取るという、足跡測定法を可能にしたのと同じやりかたが、チッ

＊1　以下を参照。オノレ・ド・バルザック「歩きかたの理論」、『風俗研究』山田登世子訳（藤原書店、一九九二年）七九―一四六頁。

＊2　Georges Gilles de la Tourette, *Études cliniques et physiologiques sur la marche* (Paris: A. Delahaye et Lecrosnier, 1886), p. 21.

＊3　以下を参照。Eadweard Muybridge, *Human Figure in Motion* (London: Chapman & Hall, 1907).

＊4　以下を参照。Gilles de la Tourette, “Étude sur une affection nerveuse caractérisée par de l'incoordination motrice accompagnée d'écholalie et de coprolalie,” *Archives de neurologie*, 9 (Paris: Bureau du Progrès Médical, 1885), pp. 19–42, 158–200.

ク、痙攣的なぎくしゃくした動き、ぎこちなさといったもののすさまじい増殖を描写するのに適用されている。このような動きの増殖は、身振り性の圏域の破局が全般化したものとしか定義づけられない。患者は単純きわまりない身振りを始めることも、終わらせることもできない。始めることができた運動も、協調運動を欠いた揺れや振戦に中断されてちぐはぐになってしまう。筋肉組織はこの振戦において、いかなる運動上の目的ともまったく無関係なしかたで踊るように思われる（舞踏運動）。歩行の圏域においてこの疾患に対応する等価物を、シャルコは有名な『火曜講義』において模範的なしかたで描写している。

［……］さあ彼はここで出発する。身体が前傾し、下肢が伸張にあたってこわばり、いわば左右の肢が互いに貼りついて爪先立ちになる。ある種、両足が地面の上を滑り、前進は一種の迅速な振戦によってなされる［……］。このようにして歩きはじめると、患者はいつでも前に倒れてしまいかねないように思われる。いずれにせよ、自分で止まることはまず不可能である。往々にして、そばにある物体につかまらなければならない。ぜんまい仕掛けの自動人形さながらである。このこわばった、ぎくしゃくした、痙攣様の前進運動には、通常の歩行のしなやかさを思わせるものは何もない［……］。最後に、彼は幾度か試みた後に出発し、いま申しあげたメカニズムにしたがって、こわばった、というかほとんど屈曲

しない脚で、歩行するというよりむしろ地面の上を滑る。その一歩一歩はいわば、それと同数の急な振戦に置き換わっている。[*5]

異様きわまりないのは、一八八五年から幾千もの症例が観察された後、二十世紀初頭にはこの疾患がほとんど記録されなくなるということである。その消滅が終わるのは一九七一年の冬、オリヴァー・サックスがニュー・ヨークの街路を歩いていたとき、ほんの数分のあいだに三つのトゥーレット症の症例に気づいたと思った日である。[*6] この消滅を説明しうる仮説の一つは、運動失調やチックやジストニアがこの間(かん)に規範となり、あるときから誰もが自分の身振りのコントロールを失って、熱狂的に歩いたり派手な身振りをしたりするようになったというものである。いずれにせよそれが、まさにこの時代にマレーやリュミエールが撮りはじめたフィルムを観るときに受ける印象である。

＊5　Jean Martin Charcot, *Leçons du mardi à la Salpêtrière*, 2 (1888–1889) (Paris: E. Lecrosnier et Babé, 1889), pp. 356–357.
＊6　以下を参照。オリヴァー・サックス「機知あふれるチック症のレイ」、『妻を帽子とまちがえた男』高見幸郎・金沢泰子訳（早川書房［ハヤカワ・ノンフィクション文庫］、二〇〇九年）一八一頁。

二　自らの身振りを失った社会は、失ったものを映画においてあらためて我有化しようとするとともに、その喪失を映画に記録する。

自らの身振りを失った時代は、まさにそれゆえに自らの身振りへの強迫に取り憑かれている。あらゆる自然さを取り去られた人間にとっては、すべての身振りが運命となる。そして、不可視の諸力の働きのもとで身振りが屈託なさを失ったものとなればなるほど、生は解読しがたいものになっていった。自らを象徴するものの数々をほんの数十年前には依然しっかりと所有していたブルジョワジーが、この位相に至ると内面性の犠牲者になり、心理学へと引き渡されてしまう。

ニーチェはヨーロッパ文化において、かたや身振りの抹消および喪失、かたや運命への身振りの変貌という二極間の緊張が絶頂に達する点である。というのも、潜勢力と現勢力、自然さとぎこちなさ、偶然性と必然性の見分けがつかなくなる身振りとして（結局のところ、つまりはもっぱら演劇として）のみ、永遠回帰の思考は理解できるからである。『ツァラトゥストラはこう語った』は、自分の身振りを失った人類の踊るバレエである。時代がこのことに気づいたとき（もう遅い！）、その失った身振りを死に際になって取り戻そうとする性急な企てが始まった。イサドラ・ダンカンやディアギレフの舞踏、プルーストの小説、パスコリからリルケに至るユーゲント様式の偉大な詩、そして最後に、最も模範的なのが無声映画である。これらによって描き出される魔法円のなかで、人類は自分の手から永遠に失われようとしているものを最後になって喚び出そうとした。

同じ時代にアビ・ヴァールブルクが着手しているあの探究の数々を「イメージの学」と定義づけることができたのは、何でも心理学づけてしまおうとする美術史のもつ近視眼だけである。本当はヴァールブルクの探究の中心にあったのは歴史的記憶の結晶としての身振りであり、身振りが運命としてこわばる硬直であり、力動的二極化によって身振りを硬直から解き放とうとする芸術家と哲学者の粘り強い企てである（ヴァールブルクにとっては、その企ては狂気すれすれのものだった）。その探究がイメージを媒介物として実行されていたために、イメージもまた探究の対象だと信じられてしまった。それに対してヴァールブルクは、イメージを（イメージはユングにとっては依然として、祖型というメタ歴史的圏域のモデルを提供するものとされるが）まったく歴史的で力動的な一要素へと変容させた。この意味で、彼が未完のまま残した千枚ほどの写真からなる図版（アトラス）『ムネーモシュネー』[*7]は、数々のイメージからなる動きのない目録ではなく、古典ギリシアからファシズムに至る西洋人類の身振りの、潜在的に運動している表象（つまり、パノフスキーよりもデ・ヨリオに近い何か[*8]）である。各セクションの内部に置かれた個々のイメージ

＊7　以下を参照。アビ・ヴァールブルクほか『ムネモシュネ・アトラス』（ありな書房、二〇一二年）。

は、自律的現実というよりむしろ、ある映画フィルムの一コマの写真と見なされるべきである（ベンヤミンは弁証法的イメージを、パラパラと素早くめくると運動の印象が生み出される、映画の先駆となるあの小手帳に譬えたことがあるが、[*9]少なくともそれと同じ意味においてである）。

三　映画の境位は身振りであって、イメージではない。

ジル・ドゥルーズは、心的現実としてのイメージと物理的現実としての運動のあいだの偽りの心理学的区別が映画によって抹消されるということを示した。映画のイメージは「永遠のポーズ（poses éternelles）」（古典世界の諸形式のような）でもなければ、運動の「動きのない切片（coupes immobiles）」でもない。それは、それ自体が運動しているイメージ、「動きのある切片（coupes mobiles）」であり、ドゥルーズはこれを「運動イメージ（images-mouvement）」と呼んでいる。[*10]ドゥルーズによるこの分析を拡張して、この分析が近代におけるイメージのありかたに一般的に関わるものであるということを示さなければならない。だが、そのことが意味しているのは、イメージの神話的なこわばりがここにおいて粉砕されたということであり、厳密な意味で云々すべきはイメージについてではなく身振りについてだということである。じつのところ、あらゆるイメージは二律背反的な二極性によって生気を与えられている。一方では、イメージとは身振りを具体物化することであり、抹消することである（それは蠟製のデス・マスクとしての、あるいは象徴としてのイマゴである）。他方では、イメージは身振りの潜勢力（デュナミス）を手つかずのまま保存している（マイブリッジの瞬間写真において、あるいは何であれスポーツ写真においてそうであるようにである）。第一の極は、意志的記憶によって捉えられる記憶内容に対応している。第二の極は、無意志的記憶の顕現のうちに稲妻のように輝くイメージに対応している。第一の記憶が魔力で切り離されたなかに生きているのに対して、第二の記憶は当の記憶自体を超えたその先の、記憶が部分として含まれる全体のほうをつねに参照させる。『ジョコンダ』も『ラス・メニーナス』も、動きのない永遠の形式としてではなく、ある身振りの断片、もしくは失われたある映画フィルムの一コマの写真として見ることができるのであって、ただそのようなフィルムにおいてのみ『ジョコンダ』や『ラス・メニーナス』はその本当の意味を獲得しなおすのだろう。というのも、いかなるイメージにおいても、一種の「縛りつけ（ligatio）」が、ものを麻痺させ

＊8　以下を参照。Andrea de Jorio, *La mimica degli antichi investigata nel gestire napoletano* (Napoli: Il Fibreno, 1832).

＊9　以下を参照。ヴァルター・ベンヤミン「複製技術時代の芸術作品」久保哲司訳、『ベンヤミン・コレクション』第一巻（筑摩書房［ちくま学芸文庫］、一九九五年）六三八―六三九頁。

＊10　以下を参照。ジル・ドゥルーズ『シネマ1　運動イメージ』財津理・齊藤範訳（法政大学出版局、二〇〇八年）一〇一―一二六頁。

る権力がつねに働いているからである。この権力の魅惑を祓い落とさなければならない。まるで、イメージを身振りへと解放してくれという声なき嘆願が美術史全体から立ちのぼっているかのようである。ギリシアにおいて、自分を抑えつけている枷を粉砕して動きはじめる彫像たちの伝説によって表現されていたのはこのことである。[*11] だがそれは、哲学がある理念に委ねている意図でもある。その理念はありきたりの解釈によれば動きのない祖型とされているが、まったくそのようなものではない。むしろそれは、現象の数々が一つの身振りへと組成される場としての星座的布置である。

映画はイメージを身振りの故郷へと引き戻す。ベケットの『夜と夢』において暗黙のうちに示されている美しい定義によれば、映画とは身振りの夢のことである。[*12] 覚醒という境位をこの夢に導入することが映画監督の任務である。

四　イメージがではなく身振りが中心にある以上、本質的に映画は倫理の次元、政治の次元に属している（のであり、単に美学の次元に属するのではない）。

身振りとは何か？　ウァロによる指摘には貴重な示唆が含まれている。彼は身振りを行動の圏域に書きこむが、これを「行為すること（agere）」や「制作すること（facere）」とは明確に区別している。

じつのところ、行為せずに何かを制作することは可能である。たとえば、詩人は劇を制作するが、行為するわけではない［ここでは「行為する（agere）」は「役を演ずる」という意味］。その反対に、役者は行為するが、制作するわけではない。同様に、劇は詩人によって制作される（fit）が、行為される（agitur）わけではない。劇は役者によって行為されるが、制作されるわけではない。それに対して、インペラトル［命令権（インペリウム）を授けられている行政官］については、res gerere［〔物事を gerere する、つまり〕自分の身に負う、その全面的責任を引き受けるという意味で物事を遂行する］と言われる以上、制作も行為もせず、gerere する。つまり、彼は担う（sustinet）。（ウァロ『ラテン語について』6, 8, 77）

身振りを特徴づけるのは、そこにおいて人は生産も行為もせず、引き受け、担うということであ

＊11　ダイダロスの彫像に関する伝説。たとえば以下を参照。プラトン『エウテュプロン』11 c-d；プラトン『メノン』97 d-e；パライパトス『信じがたい物事について』21.

＊12　以下を参照。サミュエル・ベケット「夜と夢」高橋康也訳、ドゥルーズ／ベケット『消尽したもの』（白水社、一九九四年）九一―九六頁。

る。*13 つまり、身振りは人間の最も固有な圏域としてのエートスの圏域を開く。だが、これこれの行動は、どのようなしかたで引き受けられ、担われるのか？　これこれの「物事（res）」、単なる一事実が、どのようなしかたで「担われた物事（res gesta）」、出来事になるのか？　ウァロによる「制作すること（facere）」と「行為すること（agere）」の区別は、結局のところアリストテレスから派生している。『ニコマコス倫理学』の有名な一節で、アリストテレスはこの二つを次のように対立させている。「［……］行為（praxis）と制作（poiēsis）は類が異なる［……］。制作の目的は制作することとそれ自体とは別である。それに対して、行為の目的は行為と別ではありえない。じつのところ、よく行為することはそれ自体において行為の目的である」（『ニコマコス倫理学』1140 b）。それに対してウァロにおいて新しいのは、行為と制作という二者の傍らで第三類の行動が同定されているところである。制作することがこれこれの目的のための手段であり、行為することが手段のない目的であるのに対して、身振りは、目的か手段かという、道徳を麻痺させている偽りの二者択一を破砕する。身振りが提示するのは、手段そのものとしては手段性の領域を免れ、だからといって目的になってしまうことのない諸手段である。

それゆえ、身振りを理解するために、これこれの目標に向けられた手段からなる圏域（たとえば、身体を点Aから点Bに移動させる手段としての歩行）を思い浮かべ、次いで、それと区別される上位の圏域として、それ自体において目的をもっている運動としての身振りの圏域（たとえば、美的次元としての舞踏）を思い浮かべるということほど道を誤ったこともない。手段のない合目的性は、これこれの目的に関してのみ意味をもつ手段性に劣らず疎外的である。舞踏が身振りであるのは、反対に舞踏が、身体運動の手段性を担い曝し出すことだからである。身振りとはこれこれの手段性を曝し出すこと、しかじかの手段そのものを目に見えるものにすることである。身振りは人間の〈あいだにあること〉を出現させ、そのようにして人間に対して倫理的次元を開く。だが、ポルノ映画において、単に他の者たち（あるいは自分自身）に快楽を与えるという目的に向けられた手段である身振りを遂行している人物が、自分が撮影され自分自身の手段性のうちに曝し出されているというだけのことで不意打ちをされるとき、この人物はその手段性によって宙吊りにされ、観者にとって新たな快楽の媒介物になるということがある（さもなければその身振りは理解不可能である）。あるいはまた、マイムにおいては、馴染みきわまりない目標に向けられた身振りが当の身振りそのものとして曝し出され、それゆえに「欲望と遂行のあいだ、犯行とその追想のあいだ（entre le désir et l'accomplissement, la perpétration et son souvenir）」に、マラルメが「純粋なあいだ（milieu pur）」と呼んでいるもののうちに宙吊りになる。[*14] それと同様

＊13　「身振り（gesto）」はラテン語 gerere の完了分詞 gestus に由来する。つまり、この文脈にしたがえば「担われたもの」が原義となる。「担われた物事（res gesta）」は（高位者などの）業績を指す（複数形 res gestæ は「業績録」をも意味する）。

に、身振りにおいては即自的目的の圏域がではなく、目的のない純粋な手段性の圏域が人間たちへと交流される。

「目的のない合目的性」というカントの不明瞭な表現は、[*15]このようにしてはじめて具体的な意味を獲得する。目的のない合目的性とは、これこれの手段において、手段を〈手段であること〉自体のうちで中断し、ただそのようにしてのみ手段を曝し出して「物事（res）」を「担われた物事（res gesta）」にする、身振りの潜勢力のことである。同様に、もし人が言葉というものを交流の手段として了解するとしても、これこれの言葉を示すということは、その言葉を交流の対象とする出発点となる、より高度な平面（第一の水準の内部ではそれ自体交流不可能なメタ言語運用）を意のままにするということを意味するわけではない。それは、いかなる超越性もなしにその言葉自体の手段性のうちに、その言葉自体の〈手段であること〉のうちにその言葉を露出させることを意味する。この意味で、身振りは交流可能性の交流である。身振りには言うべきことなど、厳密な意味では何もない。というのも、身振りによって示されるのは、純粋な手段性としての、人間の〈言語運用のうちにあること〉だからである。だが、〈言語運用のうちにあること〉は命題の形で言われうる何かではない以上、身振りとはその本質においてつねに、言語運用のうちでは把握されないという身振りである。それはつねに、本来の意味でのギャグである。ギャグは何よりもまず、言葉を妨げるために口をふさぐ何かを指し、次いで、記憶に穴が開いたり話せなくなったりしたときに俳優が場を繕うために即興でやることを指す。ここから、身振りと哲学の近さだけでなく、哲学と映画の近さも生じてくる。映画の本質的な「無声性」（それはサウンド・トラックの有無とは何も関わりがない）は哲学の無声性同様、人間の〈言語運用のうちにあること〉の露出、つまり純粋な身振り性である。ヴィトゲンシュタインによる、言われえないことがおのずと示されることという神秘的なものの定義は、文字どおりギャグの定義である。[*16] あらゆる偉大な哲学のテクストは言語運用自体を曝し出すギャグであり、巨大な記憶の穴としての、言葉の不治の欠陥としての〈言語運用のうちにあること〉自体である。

五　政治とは純粋な手段の圏域、つまり人間の絶対的にして完全な身振り性の圏域である。

＊14　以下を参照。ステファヌ・マラルメ「黙劇」渡邊守章訳、『マラルメ全集』第二巻（筑摩書房、一九八九年）一七九頁。
＊15　以下を参照。イマヌエル・カント『カント全集』第八巻（『判断力批判』上巻）牧野英二訳（岩波書店、一九九九年）七八―七九頁。
＊16　以下を参照。ルートヴィヒ・ヴィトゲンシュタイン『論理哲学論考』6.44；6.522.

言語と人民

ジプシーがフランスに出現したのは十五世紀初頭の数十年のことだった。戦争と無秩序の時期である。彼らは徒党を組み、自分たちはエジプト出身だと言っていた。一党を率いているのは「小エジプト（Egipto parvo）」の公爵、ないし「小エジプト（Minori Egipto）」の伯爵と自称する者たちだった。

今日のフランスの領土において最初のジプシーの集団が報じられたのは一四一九年のことである。［……］一四一九年八月二十二日、［彼ら］はシャティヨン＝アン＝ドンブという小さな町に出現した［……］。その翌々日には、一団は六リュー離れたサン＝ローラン・ド・マコンに達した［……］。この一団は、小エジプト公アンドレとかいう者に指揮されていた

［……］。一四二二年七月のあいだに［……］さらに多数を擁する徒党がイタリアに南下した。［……］一四二七年八月、ジプシーははじめてパリの城門に出現した。彼らは戦争中のフランスの一部を横切った。［……］首都はイギリス人に占領されており［……］、イル－ド－フランス全域に賊が横行していた。［……］小エジプトの（*in Egipto parvo* ou *in Minori Egipto*）公爵だの伯爵だのに率いられたいくつかのジプシーの集団は、ピレネーを越えてバルセローナにまで至った。（フランソワ・ド・ヴォー・ド・フォルティエ『かつてのフランスにおけるジプシー』）[*1]

歴史家たちは、アルゴもこれと前後する時期に誕生したとしている。アルゴとは、中世社会から近代国家への移行をしるしづける苦難の時代に幅を利かせたコキヤールその他の悪党の秘密言語のことである。「彼の言うのは本当で、上述のコキヤールたちは、習得していなければ他の者たちには了解できない秘密の言語（langaige exquis）を仲間うちで用いており、その言語によって上述のコキーユに属する者を知る［……］」（コキヤール裁判でのペルネ・ル・フルニエの証言）[*2]

アリス・ベッケル－ホーは、この二つの事実に関連する原資料を単に並置することで、ほとんどまるごと引用だけで組み立てられている独創的な作品を書くというベンヤミン的な企図を実現することに成功した。この本のテーゼは一見すると何の変哲もないものである。副題（「危険な諸階級のアルゴの諸起源に対する、なおざりにされている一要因」）が指し示しているとおり、アルゴの語彙の一部がロム、つまりジプシー語から派生しているということを示そうというのである。巻末の、簡潔だが本質的な「語彙集」では、「ヨーロッパ・ジプシーの言葉遣いのなかに、確かな起源とまでは言わずとも、明白なこだま[*3]」のあるアルゴの辞項が列挙されている。

このテーゼは社会言語学の領域の外に出るものではないが、これにはいっそう意味深いテーゼが含意されている。つまり、アルゴが厳密な意味では言語ではなく隠語であるのと同様に、ジプシーは一人民ではなく、別の時代の無法者階級の最後の子孫だというテーゼである。

ジプシーは私たちの中世が保存されたものである。別の時代の危険な階級である。さまざまなアルゴのなかへと伝播していったジプシーの用いる単語はジプシーたち自身のようである。出現のときから、彼らは自分たちの通り抜ける諸国の苗字——gadjesko nav——を採

＊1　François de Vaux de Foletier, *Les Tsiganes dans l'ancienne France* (Paris: Société d'Édition Géographique et Touristique, 1961), pp. 18, 21, 23, 32. ここでは以下からの孫引き。Alice Becker-Ho, *Les princes du jargon* (Paris: Gérard Lebovici, 1990 [Paris: Gallimard, 1992]), pp. 22–23.

＊2　Archives Départementales de la Côte d'Or, B II 360/6. ここでは以下からの孫引き。Becker-Ho, *Les princes du jargon*, p. 21.

＊3　Becker-Ho, *Les princes du jargpn*, p. 51.

り入れている。自分は読み書きができると思っているあらゆる者たちには、ジプシーたちが紙の上の「アイデンティティ」をいわば失っているように見える。[*4]

研究者たちはこれまで、ジプシーの起源を明らかにすることにも、彼らの言語や慣習を本当に知ることにもけっして成功していないが、そのわけにこれで説明がつく。民族誌的調査は、情報提供者が一貫して嘘をつくため、ここでは不可能になる。

この仮説はたしかに本源的なものだが、結局は周縁的な人民的・言語的現実に関わるものではある。この仮説がなぜ重要なのか？　歴史の決定的瞬間において、社会知という機械の隠れた軸ネジやジョイントに働きかける決定打は左手で下されるにちがいないとベンヤミンは書いたことがある。[*5] 自分のテーゼの諸限界のなかに慎ましく身を持しているアリス・ベッケル＝ホーだが、後はただ爆発させるだけという地雷を私たちの政治理論の結節点に自分が仕掛けたことを彼女が完璧に意識しているというのはありそうなことである。じつのところ、人民とは何か、言語とは何かについて、私たちは少しもわかっていないが（知ってのとおり、言語学者たちは「語るという事実（factum loquendi）」を、つまり人間たちが話して互いに了解しあうという純粋な事実を当然視しなければ、文法を、つまり描写可能な固有性を備えた言語と呼ばれる単一的なまとまりを構築することができないが、[*6] 学はこの純粋な事実に達することができないままである）、にもかかわらず私たちの政治的文化のすべてがこの二つの観念を関連づけることに基礎づけられている。ロマン主義イデオロギーは、承知のうえでこの両者の結合を操作し、そのようにして近代言語学にも、いまもなお支配的な政治理論にも多大な影響を与えたが、このイデオロギーは不明瞭な何か（人民概念）をさらに不明瞭な何か（言語という概念）によって明らかにしようとした。定義づけられぬ輪郭をもった二つの偶然的な文化的実体が、このように一対一対応を制定されることによって、必然的な固有の性格と法則を備えたほとんど自然な組織へと変容する。というのも、「複数性という事実（factum pluralitatis）」（人間たちが共同体を形成するという単なる事実を、私たちは「人民（populus）」という辞項に語源的に結びついているこの辞項を用いて呼ぶことにする）[*7]を政治理論は説明しえぬまま前提しなければならず、語るという事実（ファクトゥム・ロクエンディ）を言語学は問いただされぬまま前提しなければならないとして、この二つの事実の一対一対応こそが近代の政治的

＊4　Becker-Ho, *Les princes du jargon*, p. 50.

＊5　以下を参照。ヴァルター・ベンヤミン「一方通行路」久保哲郎訳、『ベンヤミン・コレクション』第三巻（筑摩書房［ちくま学芸文庫］、一九九七年）二八頁。

＊6　以下を参照。Jean-Claude Milner, *Introduction à une science du langage* (Paris: Seuil, 1989), p. 41.

＊7　pluralitas（の元になっている plus）が「充たす」を意味する plere に遡ること、そして populus も同じ plere に遡る可能性が想定できなくもないことについては以下を参照。Alfred Ernout & Antoine Meillet, *Dictionnaire étymologique de la langue latine* (Paris: Klincksieck, 1932), pp. 745–746, 752–753.

言説を基礎づけているからである。

ジプシーとアルゴを関連づけることはこの一対一対応をラディカルに問いただすが、まさにその瞬間に、この関連づけは一対一対応をパロディ的に立てなおす。ジプシーと人民の関係はアルゴと言語の関係と同じである。だが、この類比の持続する短い一瞬に、この類比は言語と人民のなす一対一対応が秘かに隠蔽しようとしていた真理に閃光を投げかける。つまり、すべての人民は徒党にして「コキーユ」であり、すべての言語は隠語にして「アルゴ」であるという真理である。

ここで大事なのはこのテーゼの科学的な正確さを見積もることではなく、そこから解放的潜勢力が逃れていかないようにすることである。この潜勢力を見据えることのできた者にとっては、私たちの政治的想像界を統治している倒錯的にして執拗な諸機械は突如として権力を失う。それに、人民という理念がかなり前からあらゆる実質的現実を失っている今日、それが想像上のものだというのはいまや誰にとっても明白なことにちがいない。この理念が、旧い哲学的人間論によって列挙された数々の性格からなる無味乾燥な目録を離れた先で現実の内容をもったことなどけっしてないということを認めるとしても、いずれにせよこの理念は、その監護者にしてその表現としておのれの姿を呈していた当の近代国家によってあらゆる意味を空疎化されてしまった。善意ある人々のおしゃべりにもかかわらず、人民は今日、国家的なアイデンティティの空虚な支持体でしかなく、もっぱらそのようなものとして認められている。この件についていくばくの疑念を依然として抱いている者にとっては、いま私たちのまわりで起こりつつあることを一瞥することがこの観点からすれば示唆に富む。この地上の権力者たちが人民のない国家（クウェイト）を防衛しようと武器を帯びて動いている一方で、その反対に国家のない人民（クルド人、アルメニア人、パレスティナ人、バスク人、離散（ディアスポラ）にあるユダヤ人）を抑圧し絶滅させることは、罰も受けずにおこなうことができる。このことによって、これこれの人民の運命は国家的なアイデンティティでしかありえないということ、人民概念は市民権概念へとコード化しなおされてはじめて意味をもつということが明瞭になる。ここから、国家的な尊厳をもたない言語（カタルーニャ語、バスク語、ゲイル語など）の奇妙な地位もまた生じてくる。これらの言語は言語学者には当然のことながら言語として扱われているが、事実上はむしろ隠語ないし方言として機能し、ほとんどつねに即座に政治的な意味を帯びる。言語と人民と国家という悪しき交錯は、シオニズムのばあいにとくに明白になる。人民の国家の最たるもの（イスラエル）を政体として構成しようと欲する運動は、まさにそれゆえに、日常的使用において他の言語や方言（ラディノ語、イディッシュ語）に置き換わっていた純粋に文化的な言語（ヘブライ語）を現勢化しなおさなければならないと感じた。だが、伝統の監護者たちの目には、この聖なる言語の再現勢化はまさにグロテスクな瀆聖と見え、言語はいつの日かこの瀆聖に復讐することになると思われた（ショーレムはローゼンツヴァイクに宛てて一九二六年十二月二十六日にイェルサレムから次のように書いている。「私たちは、深淵の上にあるこの言語のなかに、ほとんど盲人のように安心して生きています［……］。このヘブライ語は災いを帯びています［……］。この言語が、これを話す者に背を向けるようになる［……］[*8]」）。

すべての人民はジプシーであり、すべての言語は隠語であるというテーゼは、言語と人民と国家のこの交錯を粉砕する。私たちはこのテーゼによって、私たちの文化に周期的に姿を現してはつねに誤解され、支配的構想へと引き戻されてしまうさまざまな言語運用の経験に対して、新たなしかたで目を向けることができるようになる。というのも、『俗語詩論』でバベルの神話を物語るダンテは、塔の建造者たちが職種別に、他の職種には理解不可能な固有の言語を受け取り、そのバベルの諸言語から当代の口語が派生していると言っているが[*9]、このときダンテがしているのは、この地上のすべての言語を隠語（職業語は隠語の形象の最たるものである）として提示するということでなければ何なのか？　それぞれの言語の内奥にあるこの隠語性に抗してダンテが示唆するのは、これこれの文法やしかじかの国語といった打開策ではなく（彼の思考の世俗的偽造にしたがえばそのように見なされるところではあるが）、言葉の経験自体の変容である。ダンテはこの変容を「高雅な俗語」と呼んでいる。これは、さまざまな隠語自体を語るという事実（ファクトゥム・ロクエンディ）の方向へと解き放つ一種の解放――文法的な解放ではなく、詩的にして政治的な解放――である。

それと同様に、プロヴァンスのトルーバドゥールたちのトロバール・クルスはそれ自体、何らかのしかたで、オック語を秘密の隠語へと変容させることである（ヴィヨンがいくつかのバラードをコキヤールのアルゴで書くことでおこなったことは、これとさほど違わない）[10]。だが、この隠語が話しているのはつまるところ、愛の経験の場にして対象であると目印のつけられた言語運用のまた別の形象についてにほかならない。この観点からすれば、時代を下って、ヴィトゲンシュタインにとって言語運用（語るという事実（ファクトゥム・ロクエンディ））の純粋な実存の経験が倫理と一致しうるということも[11]、ベンヤミンが、救済された人類の形象をこれこれの文法やしかじかの個別言語に縮減不可能な「純粋言語」へと委ねていることも[12]、驚きではないだろう。

諸言語が、言語運用の純粋経験を隠蔽する隠語であり、それと同様に人民が複数性という事実（ファクトゥム・プルラリタティス）

＊8　Gershom Scholem, "Bekenntnis über unsere Sprache," in Walter Grab *et al.*, ed., *Juden in der Weimarer Republik* (Stuttgart & Bonn: Burg Verlag, 1986), p. 149.

＊9　以下を参照。ダンテ・アリギエーリ『俗語詩論』1, 7-8.

＊10　以下を参照。François Villon, "Ballades en jargon," in *Œuvres complètes*, ed. Jacqueline Cerquiglini-Toulet (Paris: Gallimard [Pléiade], 2014), pp. 237–281.

＊11　以下を参照。ルートヴィヒ・ヴィトゲンシュタイン『論理哲学論考』6.42 ; 6.421.

＊12　以下を参照。ベンヤミン「言語一般および人間の言語について」浅井健二郎訳、『ベンヤミン・コレクション』第一巻（筑摩書房［ちくま学芸文庫］、一九九五年）九―三六頁。

の多かれ少なかれ成功した仮面であるとするならば、私たちの任務はたしかに、これらの隠語を文法へと構築することでも、人民を国家的なアイデンティティへとコード化しなおすことでもない。その反対であって、思考と実践は、言語運用の実存‐文法（言語）‐人民‐国家という連鎖を任意の点において粉砕してはじめて、時代に見あう高みに身を置くことになる。言語運用の事実（ファクトゥム）と共同体の事実（ファクトゥム）とが一瞬明るみに立ち現れるこの中断には数多くの形式があり、時代や状況によってその姿はさまざまに異なっている。隠語の復活、トロバール・クルス、純粋言語、文法的言語の少数者的実践……。いずれのばあいも、そこで賭けられているのが単に言語的ないし文学的なものではなく、何よりもまず政治的にして哲学的なものだということは明瞭である。

『スペクタクルの社会についての註解』の余白に寄せる註釈

戦略家

ドゥボールの本はすべて、今日この地球全体に支配を拡張している社会——私たちが生きているこのスペクタクルの社会——の悲惨と隷従に対する、明晰きわまりない、容赦のない分析となっている。そうである以上、これらの本は説明も讃辞も必要としていないし、序文などなおのこと必要ではない。ここであえて試みることができるのはせいぜい、最も注目に値する箇所の余白に中世の筆生が残したあの印にも似た、余白に寄せる何らかの註釈だろう。じつのところ、これらの書物は厳密な隠者的意図にしたがって他から自らを分離してきたが、その分離は、ありそうもない他のどこかに自らの場を見いだすことによってではなく、もっぱら、描写する当のものを明確に地図表記的に画定することに自らの場を見いだすことによってなされている。

これらの本が下している判定が他に依存していないことや、その預言的洞察、文体の古典的明快さを褒めそやしても何の役にも立たないだろう。今日、いかなる作者も自分の作品が一世紀にわたって読まれるという見通しによって自らを慰めることはできないだろうし（どんな人間に読まれるのか？）、いかなる読者も他の者たちよりも前にその作品を理解した少数に属していることで悦に入ることはできないだろう（何に関して悦に入るのか？）。これらの本はむしろ、抵抗ないし脱出の手引きないし道具として用いられるべきである。それは、（ドゥルーズの美しい譬喩によれば）逃亡者が拾いあげ、慌ただしくベルトに突っこむ間に合わせの武器に似ている。[*1]あるいはむしろ、ある特異な戦略家の作品として用いられるべきである（『註解』という題はまさに、このたぐいの伝統を参照させるものである）。その戦略家の行動の領野となるのは、部隊を展開させる現勢力にある戦いというよりは、知性の純粋な潜勢力である。イタリア語版『スペクタクルの社会』第四版の序文に引用されているクラウゼヴィッツの一節は、このありかたを完璧に表現している。「あらゆる戦略批評においてつねに重要なのは登場人物の立場に正確に身を置くということだが、もちろんそれは往々にして非常に困難なことである。文筆家があらゆる情勢に身を置くことを欲し、またそのようにできるのであれば、戦略批評家の大半は完全に消滅するか、そうでなくともその知性の区別は非常に縮減されることだろう」[*2]。この意味では、「マキャヴェッリの」『君主論』だけでなく、スピノザの『エティカ』も戦略論である。つまり、「知性の潜勢力について、あるいは自由について（de potentia intellectus, sive de libertate）」の作戦である[*3]。

幻影劇

一八五一年、初の万国博覧会がハイド・パークにおいて途方もない喧騒のなかで開会したとき、マルクスはロンドンにいた。さまざまな立案のなかから主催者側はパクストン案を選んだ。その案では、まるごと水晶で建造された巨大な宮殿が予定されていた。万国博覧会の図録で、メリフィールドは次のように書いていた。水晶宮は「もしかすると世界でただ一つの、大気が知

＊1　以下を参照。ジル・ドゥルーズ、クレール・パルネ『対話』江川隆男ほか訳（河出書房新社［河出文庫］、二〇一一年）六七―六八頁。

＊2　Carl von Clausewitz, *Der Feldzug von 1815 in Frankreich* (Berlin: Ferdinand Dümmler, 1835), p. 11. 以下を参照。ギー・ドゥボール『スペクタクルの社会についての注解』木下誠訳（現代思潮新社、二〇〇〇年）一三七―一三八頁。

＊3　バルーフ・デ・スピノザ『エティカ』第五部の題（正確には「知性の潜勢力について、あるいは人間の自由について」）を参照している。

覚可能な建造物かもしれない［……］。展示室の東端ないし西端にいる観者には［……］そこから離れたこの建造物の部分は青いもやに包まれているように見える」[*4]。つまり、透明性のしるし、幻影劇のしるしのもとで、商品が初の大勝利を収めた。一八六七年のパリ万国博覧会の案内書も、矛盾をはらんだこのスペクタクル性を依然として強調している。「公衆には、その想像力を驚かせる壮大な構想が必要である［……］。公衆は、似たような製品が画一的にまとめられているところを見たいわけではない。お伽の世界を一瞥して思念に耽りたいのである（Il faut au public une conception grandiose qui frappe son imagination [...] il veut contempler un coup d'œil féerique et non pas des produits similaires et uniformément groupés）」[*5]。

『資本論』の「商品のフェティッシュ性とその秘密」と題されたセクションを書いているときに、マルクスが水晶宮で受けた印象を思い出していたというのはありそうなことである。このセクションが『資本論』の冒頭付近を占めているのはたしかに偶然ではない。商品の「秘密」を暴露することとは、資本による魅惑の君臨を思考へと開く鍵だった。資本が白日に曝すことでつねに隠蔽しようとしてきたこの君臨をである。

労働の生産物が使用価値と交換価値へと二分されて「感覚的に超感覚的な［……］幻影劇」[*6]へと変容する場である、この非物質的な中心を同定することがなければ、それに続く『資本論』の探究はおそらくどれも不可能だっただろう。

だが、商品のフェティッシュ性に関するマルクスの分析は、六〇年代にはマルクス主義業界では愚かにも無視された。一九六九年にも依然として、ルイ・アルチュセールは『資本論』の普及版に付した序文で、フェティシズムの理論はヘーゲル哲学の「明白」な、「極端に損害をもたらす」[*7]痕跡である以上、最初のセクションは飛ばすようにと読者に勧めていた。

なおのこと注目に値するのは、スペクタクルの社会の分析、つまり極相の形態に達した資本主義の分析を、まさにその「明白な［……］痕跡」に基礎づけるドゥボールの身振りである。資本が「イメージになること」は商品の窮極的変容にほかならない。その変容において交換価値はいまや使用価値を完全に蝕してしまい、社会的生産をまるごと偽造した後に、いまや生のまるごと全体に対する絶対的にして無責任な主権という地位に達しえている。商品が自らの神秘をはじめて覆いなく曝し出しているハイド・パークの水晶宮はこの意味でスペクタクルの預言、あるいは

＊4　Mary Philadelphia Merrifield, "The Harmony of Colours as Exemplified in the Exhibition," in *Illustrated Catalogue of the Industry of All Nations* (London: George Virtue, 1851), p. ii f.

＊5　*L'exposition universelle de 1867: Guide de l'exposant et du visiteur* (Paris: Hachette, 1866), p. 13.

＊6　カール・マルクス『マルクス＝エンゲルス全集』第二十三a巻（『資本論』第一巻、第一分冊）岡崎次郎訳（大月書店、一九六五年）九八頁。

＊7　ルイ・アルチュセール「『資本論』第一巻の読者へのまえがき」、『歴史・階級・人間』西川長夫訳（福村出版、一九七四年）一八一頁。

むしろ十九世紀の見た二十世紀という悪夢である。この悪夢から目醒めることが、状況主義者(シチュアシオニスト)たちに割りあてられた第一の任務である。

ヴァルプルギスの夜

比較されることをドゥボールがもしかすると受け容れるかもしれない文筆家が今世紀に一人いるとすれば、それはカール・クラウスである。ジャーナリストたちに強情に闘争を仕掛けるクラウスほど、「報道を生み出す事実と、自分の責めゆえに事実を引き起こす報道［……］」というスペクタクルの隠れた諸法則を明るみに出すことができた者は誰もいない。[*8] ドゥボールの映画で、スペクタクルの残骸が散らばる砂漠が露出しているシーンに充てられる画面外の声に対応する何かを想像しなければならないとすれば、クラウスの声ほど適切なものもない。その声は、カネッティが魅力を描写している公開講演で、オッフェンバックのオペレッタにおいて勝ち誇る資本主義の残忍な、内奥の無根拠(アナーキー)を剝き出しにしている。[*9]

死後刊行の『第三のヴァルプルギスの夜』で、ナチズムの出現を前にした自分の沈黙を正当化するためにクラウスが言った冗談は知られている。「ヒトラーについては何も思いつかない」。[*10] クラウスが自分の限界を容赦なく告白しているこの残忍な機知(ヴィッツ)はまた、描写不可能なものが現実になっていくのを目の前にした風刺の無力さをしるしづけてもいる。風刺詩人としての彼は本当に、「言語運用という古えの家に住む／エピゴーネンの一人にすぎない」[*11]。たしかに、ドゥボールにおいてもクラウスにおいても、言語は正義のイメージ、正義の場としておのれの姿を呈する。とはいえ、類比はそこまでである。ドゥボールの言説は、まさに風刺が口をつぐんでしまうところで始まる。言語運用という古えの家は（それとともに、風刺が基礎としている文学の伝統は）いまや徹頭徹尾偽造され操作されてしまっている。クラウスは、言語を最後の審判の場とすることでこの状況に反発する。それに対してドゥボールは、最後の審判がすでにおこなわれ、その最後の審判において真が偽の一契機としか認められなくなった後になって話しはじめる。言語における最後の審判と、スペクタクルのヴァルプルギスの夜は完璧に符合する。この逆説的符合という場から、ドゥボールは永久に画面外で声を響かせている。

＊8　以下を参照。Karl Kraus, "In dieser großen Zeit," in *Weltgericht*, 1 (Frankfurt am Main: Suhrkamp, 1988), p. 9.

＊9　以下を参照。エリアス・カネッティ『耳の中の炬火』岩田行一訳（法政大学出版局、一九八五年）八二―九三頁。

＊10　カール・クラウス『カール・クラウス著作集』第六巻（『第三のワルプルギスの夜』）佐藤康彦ほか訳（法政大学出版局、一九七六年）三頁。

＊11　クラウス「告白」、『カール・クラウス詩集』池内紀編訳（思潮社、一九六七年）四五頁。

状況

構築される状況とは何か？『アンテルナシオナル・シチュアシオニスト』誌第一号にある定義は、「単一的な環境とさまざまな出来事の働きとを集団的に組織することによって具体的かつ故意に構築される生の契機[*12]」と定めている。だが、状況なるものを、唯美主義が云々する意味での特権的ないし例外的な一契機として考えることほど道を誤ったこともない。状況とは、生が芸術になることでも、芸術が生になることでもない。状況の現実的本性は、当の状況の本領たる場に、つまりは芸術の終わりと自己破壊の後、ニヒリズムの試練を通じて生が推移した後という場に歴史的に位置づけられてはじめて理解される。「本当の生の地理における「北西航路[*13]」」は生と芸術の不分明点であり、そこではその両者が同時に決定的変容を被る。この不分明点とは、政治の任務に見あう高みに最終的に身を置く政治である。生の潜勢力を削ぐべく諸々の環境と出来事を「具体的かつ故意に」組織している資本主義に対して、状況主義者（シチュアシオニスト）たちはそれに劣らず具体的な企図によって応答するが、それには資本主義とは反対の符号が付いている。繰り返すが、状況主義者（シチュアシオニスト）たちのユートピアは完璧に局所的である。というのもそのユートピアは、それが顛倒させようとする当のものの起こるところに位置しているからである。もしかすると、『悦ばしき智恵』でニーチェが自分の思考の決定的実験（エクスペリメントゥム・クルキス）を位置づけている悲惨な舞台背景ほど、構築される状況という理念をうまく与えてくれるものもないかもしれない。構築される状況とは、「この瞬間が際限なく回帰することをお前は欲するのか？」というデーモンの問いに対して「然り、私は欲する」という応答が口にされるそのときの、枝のあいだから月光が見える、蜘蛛のいる部屋である。[*14] ここで決定的なのは、ほとんど手をつけぬまま完全に世界を変えるメシア的移動である。というのも、ここではすべてが以前と同じままなのに同一性を失っているからである。

コンメディア・デッラルテには、神話や運命の諸力を免れた人間の身振りが最終的に起こりうるという状況を存在させるために、カノヴァッチョという俳優用の指示書きがあった。滑稽な仮面が単に、潜勢力を削がれた無規定の人物だと了解するならば、人はそれについて何も理解しない。アルレッキーノやドットーレは、ハムレットやオイディプスが人物であるという意味では人物ではない。仮面は人物ではない。それはタイプへと形象（かた）どられる身振りであり、数々の身振り

＊12　無署名「定義」、『アンテルナシオナル・シチュアシオニスト』第一巻、木下誠監訳（インパクト出版会、一九九四年）四二―四三頁。
＊13　ドゥボール「『スペクタクルの社会』イタリア語版第四版への序文」、『スペクタクルの社会についての注解』一四一頁。
＊14　以下を参照。フリードリヒ・ニーチェ『悦ばしき智恵』341.

からなる星座的布置である。現勢力にある状況において、役のアイデンティティの破壊は、俳優のアイデンティティの破壊と足並みを揃えてなされる。ここでは、テクストと実演のあいだ、潜勢力と現勢力のあいだのあらゆる関係があらためて問いに付される。というのも、テクストと実演のあいだに、潜勢力と現勢力の区別がつかない混合物としての仮面が忍びこむからである。起こっていること――舞台上でも、構築される状況においても――は、潜勢力の実行ではなく、さらなる潜勢力の解放である。身振りというのが、生と芸術、現勢力と潜勢力、一般と個別、テクストと実演の交わるこの交差点の名である。それは、個人的伝記という文脈を免れた生の欠片であり、美学の中立性を免れた芸術の欠片である。つまり、それは純粋な実践である。身振りは使用価値でも、交換価値でも、伝記的経験でも、非人称的な出来事でもない。それは商品の裏面であり、状況のなかに「この共通な社会的実体の結晶[*15]」が落ちこむことを可能にする。

アウシュヴィッツ／ティミショアラ

ドゥボールの本が示す、もしかすると最も不安をもたらすかもしれない様相は、その数々の分析が真であるということが歴史によって意固地に検証されていったように思われるというところにある。『スペクタクルの社会』の二十年後、『註解』（一九八八年）が診断と予測の正確さをあらゆる領域において記録しえたというだけでなく、さらにはその間に、出来事の流れが至るところで画一的に同方向に加速した。この本が出てわずか二年で世界政治は今日、この本に含まれていた脚本を慌ただしくパロディ的に上演するものでしかないと言えるほどになっている。集中したスペクタクル（東側の人民民主主義国家の数々）と拡散したスペクタクル（西側の民主主義国家の数々）が統合されたスペクタクルへと実質的に統一されるというのが『註解』の中心的テーゼの一つとなっている。これは当時、多くの人々にとって逆説的なテーゼと見えていたが、いまや凡庸な明白事になっている。二つの世界を分割していた不壊の壁、鉄のカーテンは、わずか数日のうちに撤去された。統合されたスペクタクルが自国でも十全に実現されるようにと、東側諸国の政府はレーニン主義政党が失墜するに任せたが、それと同様に西側諸国の政府は、多数派の選挙機械とメディアによる世論のコントロール（これはいずれも、近代の全体主義諸国家において発達済みのものだった）の名において、諸権力の均衡を図ることをしばらく前から断念し、現実における思想の自由、交流の自由を断念していた。

ティミショアラは、世界政治の新たな流れに名を与えるに値するこのプロセスの極点を表象している。というのもそこでは、集中したスペクタクルにもとづく旧体制を顛倒させようとして自

*15　マルクス『マルクス＝エンゲルス全集』第二十三a巻、五二頁。

らに抗して陰謀を図った秘密警察と、メディアのもつ現実の政治的機能を恥ずかしげもなく剝き出しのまま示したテレビが、ナチズムさえあえて想像しなかったこと——アウシュヴィッツと帝国議会（ライヒスターク）炎上を単一の怪物的出来事において一致させること——に成功したからである。人類史上はじめて、新体制に正統性を付与すべきジェノサイドがなされているとテレビカメラの前で見せかけるために、死体公示所（モルグ）の台に並べられ埋葬を待つだけだった死骸が慌ただしく引きずり出され拷問された。世界じゅうの人々が本当の真理として生中継でテレビ画面に見ていたものは絶対的な非真理だった。これが偽造だということが明白なこともあったが、にもかかわらずそれは世界的なメディア・システムによって真と認証された。それによって、真はいまや偽の必然的運動における一契機でしかないということが明瞭になる。このようにして、真理と虚偽は見分けがつかなくなり、スペクタクルはもっぱらスペクタクルを通じて自らに正統性を付与していた。

　この意味で、ティミショアラはスペクタクルの時代のアウシュヴィッツである。アウシュヴィッツの後には以前のように書くことも思考することも不可能であると言われたのと同様に、ティミショアラの後にはもはや、以前と同じようにテレビ画面にまなざしを向けることは不可能になるだろう。

シェヒナー

今日、スペクタクルの勝利が完遂に至ったこの時代にあって、思考はどのようなしかたでドゥボールの遺産を拾いあげることができるだろうか？　というのも、スペクタクルとは言語運用、交流性自体、人間の言語的存在のことだというのは明瞭だからである。このことが意味するのは、資本主義（充てる名は何であれ、今日、世界史を支配しているプロセス）が、生産活動を収用することに向けられていただけでなく、加えてとりわけ言語運用自体、人間の言語的・交流的本性自体を疎外すること、ヘラクレイトスの一断片が〈共通なもの〉と同一視しているあのロゴスを疎外することにも向けられていたという意味で、[*16] マルクスによる分析は補完されなければならないということである。〈共通なもの〉のこの収用の極端な形式がスペクタクル、つまり私たちが生きている政治である。だが、このことはまた、スペクタクルにおいては私たちの言語的本性自体が顚倒して私たちに向かって来るということをも意味している。それゆえに（まさに、収用されるのは共通善の可能性自体であるがゆえに）、スペクタクルの暴力はこれほどまでに破壊的である。だが、これと同じ理由から、スペクタクルにはスペクタクルに抗して用いるべき何か肯定

＊16　以下を参照。ヘラクレイトス断片 DK 22B2.

的な可能性といったようなものが依然として含まれている。

カバラー学者たちが「シェヒナーを切り離すこと」と呼んでいる、アヘルに帰せられているあの罪ほど、この条件に似ているものもない。アヘルとは、タルムードの有名なハガダーによれば、楽園（パルデス）（つまり最高認識）に入りこんだ四人のラビのうちの一人である。物語は次のとおりである。「四人のラビが楽園に入りこんだ。ベン・アザイ、ベン・ゾーマ、アヘル、ラビ・アキバである。［……］ベン・アザイは一目見て死んだ。［……］ベン・ゾーマは見て狂った。［……］アヘルは若苗を切った。ラビ・アキバは無傷で出て来た[*17]」。

シェヒナーは十あるセフィロート、つまり神性の属性のうちの最後のものである。それどころか、その属性が表現するのは神の現前自体、この地上に神が顕現し住まうこと、つまり神の「言葉」である。アヘルのおこなった「若苗を切る」という行為を、カバラー学者たちはアダムの罪と同一視している。セフィロート全体を思念する代わりに、他のセフィロートから最後のものだけを切り離して思念することを好み、そのようにして智恵の樹を生命の樹から分離したアダムの罪である。アヘルはアダム同様に人類を表象している。アヘルは知を自らの運命、自らに特有の潜勢力とすることで、神の顕現の最も完遂された形式にほかならない認識と言葉（シェヒナー）を、神が自らを啓示する他のセフィロートから切り離すからである。ここでのリスクは、言葉——つまり何かの非隠蔽性、啓示——が、言葉の啓示する当のものから分離されて自律的整合性を獲得するということである。啓示されているということ、明からさまだということ――したがって共通で参与可能だということ――が、啓示されている当のものから分離され、啓示されているものと人間のあいだに置かれる。この流謫という条件下で、シェヒナーはその肯定的な潜勢力を失い、邪悪なものになる（このようになってしまったシェヒナーは「悪の乳を吸う」とカバラー学者たちは言っている）。

　シェヒナーを切り離すことが私たちの時代的条件を表現しているのはこの意味においてである。じつのところ旧体制にあっては、人間の交流的本質を疎外することは、共通の基礎の役を果たすある前提へと実体化されていたが、スペクタクル社会においてはこの交流性自体、この類的本質自体（つまり「類的本質（Gattungswesen）」[*18]としての言語運用）こそが一つの自律的圏域へと分離される。交流を妨げているのは交流可能性自体であって、人間たちは、自分たちを一つに結びつけているものによって互いに分離されている。ジャーナリストとメディア族は（ちょうど私的圏域における精神分析家と同様に）この、人間の言語的本性の疎外の新たな聖職者である。

　シェヒナーを切り離すことはじつのところ、スペクタクル社会においてその極相に達している。

＊17　タルムード「ハギガー」14 b.

＊18　マルクス『一八四四年の経済学・哲学手稿』真下信一訳、『マルクス＝エンゲルス全集』第四十巻（大月書店、一九七五年）四三五―四三八頁。

そこでは、言語運用は一つの自律的圏域へと構成されるだけではない。言語運用はまた、もはや何を啓示することもない——より正しく言えば、言語運用はあらゆる物事の無を啓示する——のでもある。神についても、世界についても、啓示されているものについても、言語運用のなかには何もない。だが、ものを無化するこの極端な暴露において、またも言語運用（人間の言語的本性）は隠れたまま、分離されたままにとどまり、そのようにして最後に、ある歴史的時代へ、ある国家へと自らを差し向ける言外の権力に到達する。その時代とはスペクタクルの時代、その国家とは完遂されたニヒリズムの国家である。これこれの基礎を想定することに基礎づけられている権力が今日この地球全体で動揺しており、この地上の君臨体制がいずれも、国家という形式の完遂となる民主主義‐スペクタクル体制へと次々に向かっているのはそのためである。経済的必然や技術発展よりも前にこの地上の諸国民を単一の共通な運命へと押しやっているのは、言語的存在の疎外、つまり言語のなかに生き生きと住まうことからそれぞれの人民を根こぎにすることである。だが、私たちがいま経験している時代はまさにそれゆえに、人間にとって自分自身の言語的本質を——言語運用のこれこれの内容をではなく言語運用自体を、しかじかの真の命題をではなく人が話すという事実自体を——経験することがはじめて可能になっている時代でもある。現代政治とはこの壊滅的な「言語運用の経験（experimentum linguae）」のことであり、この経験は伝統と信仰、イデオロギーと宗教、アイデンティティと共同体を地球全体で脱臼させ空疎化する。

スペクタクルにおいて、啓示するものがそれによって啓示される無のなかで覆われたままであることを許さず、言語運用自体を言語運用へともたらすことでこの経験を徹底的に完遂することに成功する者たちだけが、前提も国家もない共同体の最初の市民になるだろう。その共同体においては、共通なもののもつ、ものを無化する権力、運命づける権力は平和なものとなり、シェヒナーは自らの分離性という悪の乳を吸うことをやめているだろう。タルムードのハガダーにおけるラビ・アキバのように、彼らは言語運用の楽園に入りこみ、無傷で外に出て来るだろう。

天安門

『註解』の薄明に照らして見たばあい、世界政治がいま私たちの眼前に描き出しつつあるのはどのようなシナリオだろうか？　統合されたスペクタクル国家（もしくは民主主義－スペクタクル国家）は国家という形式の変転における極相であって、君主制国家や共和制国家、暴政国家や民主主義国家、人種主義的体制や進歩主義的体制がこの極相へと向かって性急に転落している。この地球規模の運動は、国民アイデンティティの数々を生き返らせると思われるまさにその瞬間に、実際には自らのうちに超国家的な一種の治安国家を構成する傾向を帯びる。その治安国家にあって国際法の諸規範は次々に粛々と廃止されていく。もう何年にもわたっていかなる宣戦もなされていない（現代にあってはあらゆる戦争は内戦になるというシュミットの預言は[19]、このようにして実現されている）だけではない。主権をもつ一国家に公然と侵攻することでさえ、国内管轄権の執行として提示されることがある。この条件下では、国民主権という境界を無視して振る舞うことに以前から慣れている諜報部門が、組織化のモデル自体、現実の政治的行動のモデル自体となる。かくして、今世紀史上はじめて、ブッシュ（元ＣＩＡ長官）とゴルバチョフ（アンドロポフの側近）という直接の諜報部門出身の二名に世界の二大強国が牛耳られた。彼らが自分の手中に権力のすべてを集中させればさせるほど、スペクタクルの新たな潮流においてはそのことが民主主義の勝利として歓迎される。このように輪郭を描き出される世界的－民主主義的－スペクタクル的な組織化は、その見かけにもかかわらず、実際には人類史上一度として出現したことのない最悪の暴政になるおそれがある。この最悪の暴政に対しては、抵抗も対抗も事実上ますます困難なものになるだろう。というのもいまやますます明瞭に、人間にとって住みうる世界よりも先まで人類が延命することを管理するのがその暴政の任務となっていくからである。とはいえ、自分自身が起動することに貢献したプロセスのコントロールを維持しようというスペクタクルの企てが、成功の定めにあるとはかぎらない。スペクタクル国家はいずれにせよ他のあらゆる国家と同様、やはり（バディウが示したとおり[20]）社会的紐帯に基礎づけられ社会的紐帯の表現であるような国家ではなく、社会的紐帯の解消に基礎づけられる国家であって、その社会的紐帯の解消は国家によって禁止されている。つまるところ、国家はいかなるアイデンティティの要求もそれと認めることができる――国内でなされる国家的なアイデンティティの要求さえもである（現代における国家とテロリズムの関係の歴史がその雄弁な証拠である）。だが、さまざまな特異性がアイデンティティを要求せずに共同体をなすこと、人間たちがこれこれの表象可能な所属条件（イタリア人であること、労働者であること、カトリックであること、テロリストであること……）のないままに共属すること、これこそが、国家がいかなるばあいにも容認しえないことである。だが、当のスペクタクル国家自体が、現実のあらゆるアイデンティティの内容を無化し空疎化し、人民と一般意志を公衆と世論で置き換える国家である以上、それは、もはやいかなる社会的アイデンティティによっても、いかなる現実の所属条件によっても特徴づけられない特異性の数々を自分の内部から大々的に生み出している。それらの特異性は、本当に何であれの特異性である。というのも、スペクタクルの社会はあらゆる社会的アイデンティティが解体されている

＊19　以下を参照。カール・シュミット『大地のノモス』新田邦夫訳（慈学社出版、二〇〇七年）三八六―三九一頁。
＊20　以下を参照。アラン・バディウ『存在と出来事』藤本一勇訳（藤原書店、二〇一九年）一四八―一四九頁。

社会、この地上で継起してきた世代から世代へと続く栄枯盛衰を何世紀にもわたって構成してきたあらゆるものがいまやすべての意味を失ってしまった社会でもあるというのは確かなことだからである。スペクタクルは、階級なき社会というマルクスの企図を全地球の小ブルジョワジーという形式でパロディ的に実現した。世界史の悲喜劇をしるしづけてきたさまざまなアイデンティティが、その全地球の小ブルジョワジーにおいて、幻影劇的な空無のなかに露出され集められている。

それゆえ、到来する政治に関して預言を示すことが許されるならば、次のように言える。到来する政治はもはや、新旧を問わぬ社会的主体の数々が国家の征服やコントロールを目指しておこなう闘争ではなくなる。それは国家と非国家（人類）のあいだの闘争、何であれの特異性の数々を取るか国家組織を取るかという、あいだを埋めることのできない選言となるだろう。

これは、現代の異議申し立ての運動のすべてにとって長らく共通の動機となってきた、国家に抗してなされる社会的なものの単なる要求とは何の関わりもない。スペクタクル社会における何であれの特異性の数々は結社（ソキエタス）を形成することはできない。というのもこの特異性は、成り立たせるべきいかなるアイデンティティも、認めさせるべきいかなる社会的紐帯も意のままにしていないからである。現実のあらゆる内容を無化する国家との対比は、なおのこと執拗なものである。表象可能なアイデンティティのすべてをラディカルに欠いた存在は（生の聖性に関する、また人権に関するすべての空しい宣言にもかかわらず）、その国家にとっては単に存在しないものである。

これが、それほど軽率でないまなざしであれば天安門事件から抽き出せただろう教訓である。じつのところ、中国で五月におこなわれたデモにおいて最も驚愕させられるのは、具体的に規定された要求内容が相対的に乏しかったということである（民主主義や自由は紛争の現実の目標となるにはあまりに類的な観念であるし、胡耀邦の名誉回復という唯一の具体的要求はただちに受理された）。国家の見せた反動の暴力はなおのこと説明のつかないものに見える。とはいえ、この不均衡がただ見かけのものにすぎず、中国の指導者たちは彼らの観点からすれば完璧な明晰さをもって行動したというのもありそうなことである。天安門で国家が目の前にしていたのは、表象されえもせず、表象されることを欲しもしないもの、とはいえ一つの共同体、一つの共通な生としておのれの姿を呈するものだった（これは、広場にいた人々がそのことを実際に意識していたかどうかとは無関係に言えることである）。表象不可能なものが存在し、前提も所属条件もなしに共同体をなす（カントール用語で言われる非整合的数多性のように[*21]）ということ、これこそ

＊21　以下を参照。「カントルからデデキントへ」村田全訳、カントル『超限集合論』（共立出版、一九七九年）一二二―一二三頁。

まさに、国家が折りあいをつける用意のない脅威である。所属自体を我有化しよう、自らが〈言語運用のなかにあること〉自体を我有化しようと欲し、それゆえにすべてのアイデンティティとすべての所属条件とを忌避する何であれの特異性、これこそが、到来する政治の新たな主人公である。この主人公は主体的でもないし、社会的整合性もない。自分たちが共通であるところをこれらの特異性が平和裡に表明するところにはどこであれ天安門があり、そこには遅かれ早かれ戦車が現れるだろう。

顔

生ける存在はすべて開かれのなかにあり、見かけにおいて自らを表明し輝いている。だが、この開かれを我有化しよう、自分自身の見かけを、自分の明からさまさを捉えようと欲するのは人間だけである。言語運用とは、自然を顔へと変容させるこの我有化のことである。それゆえ、見かけは人間にとって一つの問題となる。つまり、それは真理を目指した闘争の場となる。

顔とは、人間が取り返しのつかないしかたで露出しているということであるとともに、まさにこの開かれのなかに人間が隠れたままにとどまってあるということでもある。顔は共同体のただ一つの場、ありうべき唯一の国（ポリス）である。というのも、個々人がつねにすでに陥っている真理の悲喜劇、個々人がけりをつけなければならない真理の悲喜劇こそが、各人において政治的なものへと開けている当のものだからである。

顔が露出させ啓示するのは、意味あるこれこれの命題として定式化されうるような何かではないし、ましてや永久に交流不可能なままである定めにあるしかじかの秘密でもない。顔の啓示とは、言語運用自体の啓示である。それゆえ、それにはいかなる現実の内容もない。顔の啓示は、これこれの精神状態や事実状態に関する真理、人間や世界のしかじかの局面に関する真理を言うものではない。顔の啓示とはただ開かれにすぎず、ただ交流可能性にすぎない。顔の光のなかを歩くとは、この開かれであるということ、この開かれを蒙るということを意味する。

このように、顔は何よりもまず、啓示を蒙ること、言語運用を蒙ることである。自然は、言語運用によって自らが啓示されていると感ずるところで顔を獲得する。言葉によって露出されあばかれるということ、秘密をもつことの不可能性において自らを覆うということが、顔のなかに、貞潔あるいは動揺として、厚かましさあるいは羞恥心として姿を現す。

顔は顔立ちとは一致しない。何かが露出に至り、自らが露出されているということをその何かが捉えようと企てるところには、出現する存在が見かけの深みにはまり、そのことにけりをつけなければならないところには、どこであれ顔はある。（かくして、芸術は生気なき対象、静物にも顔を与えることができる。夜宴でサタンの肛門に接吻したと審問官に告発された魔女たちが、そこにも顔があると応答したのはそのためである。[*1] 今日では、人間の盲目の意志によって砂漠へと変容した大地がまるごと単一の顔になるということもありうる。）

私は誰かの目にまなざしを向ける。目は伏せられる——これは羞恥心、まなざしの背後にある空虚の羞恥心である。あるいはまた、目は私を見返してくる。目は、目の空虚を曝し出しつつ私に厚かましくまなざしを向けることができるが、それはまるで背後に、この空虚を知っているまた別の深奥の目があり、侵入を阻む隠れ場所としてそれが用いられているというかのようである。あるいはまた、そのように見返してくるのが、留保なき貞潔な、恥じるところのなさゆえということもある。そのばあいのまなざしは、私たちの互いのまなざしの空虚のなかに愛と言葉が起こるに任せている。

＊1　魔女の儀礼とされる「不名誉な接吻（osculum infame）」のこと。たとえば以下も参照。ジュール・ミシュレ『魔女』上巻、篠田浩一郎訳（岩波書店［岩波文庫］、一九八三年）二二二頁。

露出とは政治の場のことである。動物の政治はもしかすると存在しないのかもしれないが、それはただ、つねにすでに開かれのなかに生きている動物は、自らの露出を我有化しようとせず、その露出のなかに、気にもせず単にとどまっているからにほかならない。動物たちが鏡に、イメージとしてのイメージに関心をもたないのはそのためである。それに対して人間は、自分を見分けよう――自分自身の見かけを我有化しよう――と欲し、ものからイメージを分離してそれに名を与える。このようにして人間は、開かれを一つの世界へと、つまり妥協なき政治的闘争の領野へと変容させる。真理を対象とするこの闘争は歴史と呼ばれている。

ポルノ写真において、そこに写っている主体が、計算された戦略素を用いて対物レンズのほうにまなざしを向けるということがますます頻繁に見られるようになっている。そのようにして彼らは、まなざしに対して自分が露出しているという意識を曝し出している。このようなイメージを消費するということには、写真にまなざしを向けている者が自分のほうは見られることのないまま俳優たちをこっそり覗き見ているという虚構が暗黙のうちに存在しているが、この不意の身振りはその虚構を暴力的に打ち消す。俳優たちはそのまなざしに承知のうえで挑み、覗き見る者に対して自分たちの目を見よと強制してくる。実質的なところがないという人間の顔の本性がその瞬間、突如として明るみに立ち現れる。俳優が対物レンズにまなざしを向けているということは、俳優が自分がいま見せかけているところだということを示しているということを意味している。とはいえ逆説的なことに、まさに偽造を曝し出すかぎりにおいて彼らはより本当に見える。今日、これと同じ手法が広告に拡張されている。イメージは、それ自体が虚構であるということを公然と示すと、より説得力をもつように見える。いずれのばあいも、まなざしを向けているほうの者は、顔の本質に、真理の構造自体にはっきりと関わっている何かに、そうと欲さぬままに出くわしている。

顔は、ただ隠すからこそ覆いを取り、まさに覆いを取るかぎりにおいて隠す。この事実を見かけの悲喜劇と私たちは呼ぶことにする。このようにして、顔を表明しなければならないはずの見かけは、人間にとっては顔を裏切る外見になってしまい、顔はこの外見においてはもはや自分を見分けられなくなる。まさにただ真理の場にすぎないからこそ、顔は即座に、見せかけることの場、縮減不可能な非固有性の場でもある。このことが意味するのは、見かけは、見かけによって覆いが取られるものを本当はそうではないような姿で出現させることで隠蔽するということではない。むしろ、人間の本当にある姿とは、見かけのなかへのこの隠蔽、見かけのなかでのこの不安にほかならない。人間とはいかなる本質や本性でも、いかなる特有の運命でもないし、そのような本質、本性、運命でなければならないわけでもない以上、人間の条件とは最も空虚で、最も実質的なところのない条件である。その条件とはつまり真理のことである。隠れたままであるものは、人間にとっては見かけの背後にある何かではなく、出現すること自体であり、自分が顔以外ではないということである。見かけ自体を見かけへともたらすことが政治の任務である。

真理、顔、露出。今日、これらは地球規模の内戦の対象である。その戦場は社会的な生のまるごと全体であり、その攻撃部隊はメディアであり、その犠牲者はこの地上のすべての人民である。顔には、また顔によって開かれる共同体には実質的なところがないということを政治家とメディア族と広告業者は理解しており、当の顔を悲惨な秘密へと変容させている。彼らにとって大事なのは、この秘密のコントロールをいかなる対価を払っても確保しておくことである。今日、国家権力はもはや、正統性にもとづく暴力の使用の独占に基礎づけられてはいない（国家権力は、主権をもたない他の組織――国連やテロ組織――と、自分からすすんでますます暴力を分かちあうようになっている）。今日、国家権力は何よりもまず、見かけ（ドクサ）のコントロールに基礎づけられている。政治が一つの自律的圏域へと構成されるということは、顔がスペクタクル世界のなかで分離されるということと足並みを揃えてなされる。そのスペクタクルの世界では、人間の交流は人間の交流自体から分割されている。そのようにして露出は、イメージの数々やメディアを通じて蓄積される一つの価値へと変容し、新たな官僚階級が妬ましげにその価値の管理を見張っている。

人間がつねにただ何かを交流しあわなければならないだけであるならば、厳密な意味では政治などけっしてなく、あるのはもっぱら交換と紛争、信号と応答だけということになる。だが、人間は何よりもまず純粋な交流可能性（つまり言語運用）を交流しあわなければならないのだから、政治は人間の顔が人間の顔そのものとして立ち現れる交流的空虚として立ち現れる。政治家とメディア族はこの空虚な空間を、その我有化不可能性を保証する圏域のなかに分離されたものとして維持し、交流性自体が明るみに出るのを妨げることで、この空虚な空間のコントロールを確保しておこうとしている。このことが意味するのは、資本主義（充てる名は何であれ、今日、世界史を支配しているプロセス）が、生産活動を収用することに向けられていただけでなく、加えてとりわけ言語運用自体、人間の交流的本性自体を疎外することにも向けられていたという意味で、マルクスによる分析は補完されなければならないということである。

人間の顔はすべて純粋な交流可能性にほかならないのだから、この上なく高貴な美しい顔であっても、深淵の上にあやうく宙吊りにされている。それゆえ、この上なく繊細で優美さに充ちた顔であっても不意に崩れ、顔に脅威をもたらす無形の素地が立ち現れるがままになることもある。だが、形なきこの素地は開かれ自体、交流可能性自体にほかならない。開かれないし交流可能性はそれ自体に対して物事として前提されているままだからである。害を免れるのは、自らの交流可能性という深淵を引き受け、恐れることも悦に入ることもなしに深淵を露出させることのできるこの顔だけである。

それゆえに、各々の顔はこれこれの表情へと収縮し、しかじかの性格へとこわばり、そのようにして自らへと踏みこみ、その深みにはまっていく。性格とは、顔が――ただ交流可能性でしかない顔が――表現すべきことは何もないということに気づき、自らの背後へ、自らの声なきアイデンティティのなかへと黙って引き下がるところで見せる渋面のことである。性格とは、言葉における人間の構成的な緘黙のことである。だが、ここで捉えるべきはただ非隠蔽性、純粋な可視性、ただ顔立ちであるにすぎない。顔は、顔立ちを超越する何かではない。顔とは、顔立ちが顔立ちの裸性において露出することであり、性格に対する勝利――言葉――である。

人間がただ顔にすぎず、人間があるべきはただ顔だけである以上、人間にとってはすべてが、固有なものと非固有なものへ、真と偽へ、可能なものと現実のものへと分裂する。かくして、人間を表明するあらゆる見かけは彼にとって非固有なもの、作為的なものとなり、見かけによって人間は、真理を我がものにするという任務の前に立たされる。だが、真理はそれ自体、我有化できるようなものではないし、見かけや非固有なもの以外の対象をもっているわけでもない。真理とはただ、見かけや非固有なものが捉えられること、露出することにすぎない。それに対して、近代の全体主義的政治は全面的な自己我有化への意志であって、そこでは（民主主義的な産業先進諸国家において起こっているように）偽造と消費へのとどまることを知らぬ意志において、非固有なものが自らの支配をどこであれ課すか、さもなければ（いわゆる全体主義的な諸国家において起こっているように）固有なものが固有なもの自体からあらゆる非固有性を排除しようとする。いずれのばあいも、本当に人間的なただ一つの可能性は、顔のこのグロテスクな偽造のうちに失われるよりほかはない。そのただ一つの可能性とは、非固有性を非固有性そのものとして我有化する可能性、顔において顔自体の単なる非固有性を露出させる可能性、顔の光のなかを不明瞭なしかたで歩く可能性のことである。

人間の顔はその構造自体において、固有なものと非固有なもの、交流と交流可能性、潜勢力と現勢力といった双数性を再生産しており、この双数性によって人間の顔は構成される。人間の顔はある受動的な素地によって形成されており、その素地の上に表現的な能動的輪郭が浮き出している。ローゼンツヴァイクは次のように書いている。

星が、互いに重ね合わされた二つの三角形のうちに諸要素を映し出し、諸要素が一つの軌道へとまとまることを映し出しているように、顔の諸器官も二層に分けられる。じつのところ、顔の生に関わる諸点は、能動的にであれ受動的にであれ顔が環界と結びつく点である。受容器官は基層をなしている。いわば、顔や仮面が組み立てられる建材である。つまり、額と頬である。頬には耳が属し、額には鼻が属している。耳と鼻とは純粋な受容器官である。［……］この第一の要素からなる三角形は、顔全体の支配点としての額の中心点と、両頬のそれぞれの中心点によって形成されているが、この上に第二の三角形が重ねられる。この第二の三角形は、第一の三角形のなすこわばった仮面を活気づける働きをもつ諸器官が組み合わさってできている。つまり、目と口である。[*2]

広告やポルノグラフィ（消費社会）において、前景にあるのは目と口である。全体主義国家（官僚制）においては、受動的な素地（役所の暴君たちの表情なきイメージ）が支配している。だが、この両面の相互的作用だけが顔の生である。

「一」を意味するインド－ヨーロッパ祖語の語根から、ラテン語では二つの形が生ずる。一方は相似を表現する similis であり、他方は「同時に」を意味する simul である。[*3] かくして、

similitudo（相似）の傍らには simultas、ともにあること（そこから敵対関係、敵意という意味にもなる）があり、similare（似る）の傍らには simulare（写し取る、模倣する。そこから装う、見せかけるという意味にもなる）がある。

顔は、真理を覆って隠蔽する何かという意味での模像ではない。顔はともにあることである。それは、顔を構成している数多くある顔立ちが、どの一つも他のものより真であるということのないままに〈ともにあること〉である。顔の真理をつかみ取るとは、数ある顔立ちの相似を捉えるということではなく、それらの顔立ちの同時性を、つまり、それらをともに維持し近づけている不安な潜勢力を捉えるということを意味する。かくして、神の顔は人間たちの顔のともにあること、ダンテが天国の「強い光」のなかに見ている「私たちの姿[*4]」である。

---

*2 フランツ・ローゼンツヴァイク『救済の星』村岡晋一ほか訳（みすず書房、二〇〇九年）六六八―六六九頁。

*3 similis と simul がインド＝ヨーロッパ祖語における語根 *sem に遡ることについては以下を参照。Alfred Ernout & Antoine Meillet, *Dictionnaire étymologique de la langue latine* (Paris: Klincksieck, 1932), pp. 901-902.

*4 ダンテ・アリギエーリ『神曲』3, 33, 110 ; 3, 33, 131.

私の顔は私の外である。それは私のあらゆる固有性に関する不分明点、固有なものと共通なもの、内的なものと外的なものに関する不分明点である。顔において、私は私のあらゆる固有性（暗褐色の髪であること、背が高いこと、蒼白であること、傲慢であること、感情的であること……）とともにあるが、そのうちのいかなるものも私を同定しないし、私に本質的に属してはいない。顔は、あらゆるありかた、あらゆる特質が脱固有化、脱同一化される境界であって、ただその境界においてのみ、あらゆるありかた、あらゆる特質が純粋に交流可能なものになる。そして、私が顔を見いだすところでのみ、ある外が私に起こり、ある外部性と私は出会う。

ただ自分の顔だけであれ。境界に行け。自分の固有性の主体、自分の能力の主体であるにとどまるな。自分の固有性や能力のもとにとどまるな。それらとともに、それらにおいて、それらの先に行け。

三

主権的治安

湾岸戦争の最もはっきりとした教訓の一つは、治安の形象のなかに主権が決定的に入りこんできたということである。とくに壊滅的な「戦争法（jus belli）」の行使が、ここでは「治安作戦」という、一見すると慎ましい衣装を屈託なくまとったが、この屈託のなさを、（正当に憤激した批評家たちが考えたような）シニカルな虚構と捉えてはならない。この戦争のもしかすると最もスペクタクル的な特徴とは、戦争を正当化すべく示された理由の数々を、隠れた目論見を隠蔽するためのイデオロギー的な上部構造として棚上げにすることはできないということである。その反対であって、その間にイデオロギーが現実のなかに入りこんだ深刻さたるや、宣明された理由の数々（とくに、新世界秩序という理念に関する理由）が厳密に文字どおりに取られなければならなかったほどである。だが、このことが意味するのは、即席の法学者や悪意ある護教論者たちがわからせようとしたようなことではない。つまりそれは、湾岸戦争では国家主権の数々が超国家的組織のために警察官として仕えるべく従わされたとか、湾岸戦争はそれら国家主権の有益な制限を意味したとかいうことではない。

事実はこうである。治安を法権利の執行をおこなう単なる行政的機能の一つと見るありきたりの臆見とは反対に、治安はもしかすると、主権者の形象を特徴づけている暴力と法権利の近さというか、ほとんど両者の構成的な交換とでも呼べるものが、最も明瞭に、剝き出しのまま示される場なのかもしれない。古代ローマの慣習では、命令権（インペリウム）を授けられている執政官と、犠牲斧（極刑判決を執行する斧）を帯びている執政官直近の警士とのあいだには誰も、いかなる理由があろうとも割って入ることができなかった。この隣接関係は偶然ではない。じつのところ主権者が、例外状態を布告して法の効力を宙吊りにすることで暴力と法権利のあいだの不分明点をしるしづける者であるとして、いわばそのような「例外状態」において治安はつねに動いている。治安は「公的秩序」や「セキュリティ」といった理由について、個々の事例において決定しなければならないが、それらの理由は暴力と法権利のあいだの不分明地帯を形づくっており、この不分明地帯は主権の不分明地帯と正確に対称をなしている。ベンヤミンは正当にも次のように指摘していた。

治安暴力の目的がそれ以外の法権利の目的とつねに同一だとか、これに単に結びつけられたものだとかいう主張はまったくの偽である。治安「法」はむしろ、国家の無力さゆえにであれ、あるいはすべての法的秩序の内在的関連ゆえにであれ、自らがいかなる対価を払っても達することを望んでいる経験的な目的を、国家が法的秩序によってはもはや保証できなくなっている点を徹底的にしるしづけている。[*1]

治安をいつのときも特徴づけている武器の誇示がここから生じてくる。ここで決定的なのは、法権利を侵犯する者たちに対する脅威というよりは（じつのところ、武器の誇示は最も平和な公共の場において、とくに公式の儀式のあいだになされる）、執政官と警士の物理的な近さによって証し立てられていた当の主権の暴力の露出である。

主権と治安機能のこの厄介な隣接関係は不可触な聖性というありかたにおいて表現されており、その聖性は古えの秩序において主権者の形象を死刑執行人の形象に近づけている。この隣接関係が、（ある年代記作家が言及してくれている）偶発的な出来事が起こったときほど明白に示され

＊1　ヴァルター・ベンヤミン「暴力批判論」、『ドイツ悲劇の根源』下巻、浅井健二郎訳（筑摩書房［ちくま学芸文庫］、一九九九年）二四八頁。

たことはもしかするとないかもしれない。一四一八年七月十四日、部隊の先頭に立ってパリに凱旋入市したばかりだったブルゴーニュ公と、その数日、公爵のために倦まず働いていた死刑執行人カプリュシュが、ある道で出会った。血塗れの死刑執行人は主権者に近づき、「義兄さん（Mon beau frère）！」と叫んでその手を取った。[*2]

したがって、治安の形象のなかに主権が入りこんだということに、人を安心させるようなところは何もない。ユダヤ人殲滅が最初から最後までもっぱら治安作戦として構想されたという、第三帝国を研究する歴史家たちを絶えず驚かせている事実がその証拠である。ジェノサイドがしかじかの主権機関によって決定されたことを証す資料が一つも見つかっていないということは知られている。一九四二年一月二十日におこなわれた会議の議事録が、この件について私たちの所有している唯一の資料である。この日、会議のために中級および下級の治安官僚の一団がグロサー・ヴァンゼー湖のほとりに集結した。私たちにはその一団からただ一人、ゲシュタポの第四局B部第四課課長アドルフ・アイヒマンの名だけが浮き出して見える。ユダヤ人殲滅があれほど几帳面かつ残虐でありえたのは、それが治安作戦として構想され実行されたからにほかならない。だが逆に、あの殲滅はまさに「治安作戦」だったからこそ、今日、市民たる人類の目になおのこと野蛮な、恥ずべきものに見える。

だが、主権者を警官として叙任することは、また別の付随的結果も生む。このことは、敵対者を犯罪者化することを必然とする。シュミットは、ヨーロッパ公法においては「同等のものは同等のものに対して裁判権をもたない（par in parem non habet jurisdictionem）」という原則によって、敵国の主権者を犯罪者と判定できるということがどのように排除されているかを示した。[*3] 戦争状態が宣明されたからといって、そのことがこの原則を宙吊りにすることを含意するということもなかったし、自分と同等の尊厳を認めている敵との戦争が明確な諸規則（その一つに、民間人と軍の明確な区別がある）を遵守して展開されることを保証する諸慣習が宙吊りにされることを含意するということもなかった。それに対して、私たちが自分の目で見たのは、第一次世界大戦の終わりから始まったプロセスにしたがって、敵は市民たる人類からまず排除され、犯罪者の烙印を押されるということである。「治安作戦」によって敵を滅ぼすことが合法になるのはあくまでもそれに次いでのことである。この「治安作戦」はいかなる法的規則の遵守も強制されない。したがって、交戦状態という最も太古的な条件への回帰とともに、市民と兵士、人民と犯罪者たる主権者が混同されることもある。だが、このように治安法という最も不明瞭な地帯へと主権が

＊2　以下を参照。“Chronique de Jean Raoulet,” in Jean Chartier, *Chronique de Charles VII*, 3 (Paris: P. Jannet, 1858), p. 163. なお、原文で Coqueluche とある死刑執行人は Capeluche の誤りのため、訂正した。

＊3　以下を参照。カール・シュミット『大地のノモス』新田邦夫訳（慈学社出版、二〇〇七年）三三九頁。

徐々に滑降していくことには、指摘しておくべき肯定的様相が少なくとも一つはある。敵を犯罪者化することにあれほどの熱意を傾けた国家の長たちが気づかなかったのは、この同じ犯罪者化がいかなるときにも自分のほうに向けられうるということである。その意味では今日、この地上には、潜在的に犯罪者でないような国家の長は一人もいない。今日、主権という悲しいフロックコートを身に着けている者は誰であれ、いつの日か同僚たちから犯罪者として扱われることがあると知っている。もちろん私たちはこれを哀れみはしない。というのも、ポリ公や死刑執行人の衣装をまとうことに自分からすすんで同意してきた主権者はいまや、結局のところ犯罪者との原初的な近さを示しているからである。

政治についての覚え書き

一

ソヴィエト共産党の失墜と、民主主義－資本主義的な国家が地球規模で見せている覆いなき支配は、現代に見あう高みに身を置く政治哲学を立てなおすことを妨げていた主要な二つのイデオロギー的障害を領野から一掃した。障害の一方はスターリン主義であり、他方は進歩主義と法治国家である。かくして今日、思考ははじめて、いかなる幻想もありうべきアリバイもないなかで自らの任務を目の前にしている。いま、私たちの眼前の至るところで「大変容」が完遂されようとしている。この大変容はこの地上の君臨体制の数々（共和制国家や君主制国家、暴政国家や民主主義国家、連邦や国民国家）を、統合されたスペクタクル国家（ドゥボール）のほうへ、国家という形式の極相となっている「資本議会制」（バディウ）[*1] のほうへと次々に推し進めている。最初の産業革命の大変容が社会的・政治的な諸構造と旧体制（アンシアン・レジーム）の公法の諸カテゴリーを破壊したのと同様に、主権、法権利、国民、人民、民主主義、一般意志といった辞項はいまや、これらの概念が表していたものとはもはや何の関わりもない現実を覆っている。これらの辞項を無批判に用いつづける者は、自分がいま何を云々しているのか文字どおりわかっていない。世論や同意は一般意志とは何の関わりもないし、今日、数々の戦争を牛耳っている「国際的治安」はヨーロッパ公法とはなおのこと関わりがない。現代政治とは、さまざまな制度や信仰、イデオロギーや宗教、アイデンティティや共同体をこの地球全体で脱臼させ空疎化する、この壊滅的な実験のことである。この実験が次いで提示することになるのは、決定的に無化された形式である。

二

したがって、到来する思考は、歴史の終わりというヘーゲル－コジェーヴ的（かつマルクス的）テーマを真面目に取ろうとしなければならないし、[*2] 存在が歴史の終わりとしての生起（エアアイクニス）のなかに入りこむというハイデガー的テーマをも真面目に取ろうとしなければならない。[*3] この問題に関して領野は今日、歴史の終わりを国家の終わりなしで思考する者たち（人類の歴史的プロセスが一つの同質的な普遍的国家において完遂されるとする、ポスト‐コジェーヴ的な、もしくはポストモダンの理論家たち）と、国家の終わりを歴史の終わりなしで思考する者たち（さまざまな母型から生ずる進歩主義の数々）という二つの陣営に分割されている。この二つの立場はいずれも自分の任務の手前で屈している。というのも、歴史的テロスの完遂なしで国家の滅亡を思考するというのは、国家主権という空虚な形式が永続する場として歴史の完遂を思考するというのにも劣らず不可能なことだからである。第一のテーゼが、際限のない推移のなかでも国家という形式が執拗に延命するのを目の前にしたときにまったく無力であると判明するのと同様に、第二のテーゼは、歴史的な諸審級のますます激しくなる抵抗（国民的、宗教的、あるいは民族的なたぐいの抵抗）に出くわす。それに、この二つの立場は、ポスト歴史的な使命をもった専門的‐法的な組織を盾としつつ、国家という伝統的審級（つまり歴史的なたぐいの審級）の増加を通じて完璧に共存することができる。

＊1　以下を参照。アラン・バディウ『哲学の条件』藤本一勇訳（藤原書店、二〇二一年）三四九―三五八頁。

＊2　以下を参照。アレクサンドル・コジェーヴ『ヘーゲル読解入門』上妻精・今野雅方訳（国文社、一九八七年）一五五―一五九、二四四―二四七頁。

＊3　以下を参照。マルティン・ハイデッガー「時と有」、『思索の事柄へ』辻村公一・ハルトムート・ブフナー訳（筑摩書房、一九七三年）三八―四八頁。

国家の終わりと歴史の終わりをともに思考し、一方を他方に抗して動員することのできる思考だけが、任務に見あう高みにある。これは晩年のハイデガーがまったく不充分なしかたでにせよ、生起（エアアイクニス）という理念においておこなおうとしたことである。生起（エアアイクニス）とは窮極的な出来事である。そこにおいて我有化されて歴史的運命を免れるものは、歴史化をおこなう原則の〈隠れたままであること〉自体、歴史性自体である。歴史なるものが、一連の時代と歴史的運命のなかに人間本性が収用されること自体を名指すものであるとするならば、ここで問題となっている歴史的テロスの完遂と我有化が意味するのは、人類の歴史的プロセスがいまや決定的な態勢へと単に組成されている（その態勢の管理が一つの同質的な普遍的国家へと委ねられうる）ということではない。前提されたもののままでありながら、生ける人間をさまざまに異なる時代や歴史的文化へと運命づけてきた無基礎的（アナーキー）な歴史性自体が今日、そのような歴史性そのものとして思考へと到来しなければならないということである。つまり、いまや人間は自分自身が歴史的だということを我有化する、つまり自分自身の非固有性を我有化するということである。「承認（Anerkennung）」の弁証法によっては、非固有なもの（言語運用）が固有なもの（本性）になるということを形式化することもそれと見分けることもできない。[*4] というのも、それはそのかぎりにおいて、固有なもの（本性）が非固有なもの（言語運用）になるということだからである。

それゆえに、歴史性の我有化は国家という形式を依然としてもつことはできない——国家とは、歴史的アルケーが〈隠れたままであること〉の前提にして表象にほかならないからである。そうではなく、歴史性の我有化は、非国家的にして非法的な人間の生と政治に領野を残すのでなければならない。そのような生や政治は依然として、まるごと思考されるべきもののままである。

三

したがって、私たちの政治の伝統の中心にある主権と制憲権という概念は、遺棄されなければならないか、あるいは少なくとも、はじめから思考しなおされなければならない。この二つの概念は、暴力と法権利のあいだ、本性とロゴスのあいだ、固有なものと非固有なもののあいだの不分明点をしるしづけている。そのような概念として、それらは法的秩序ないし国家の一属性ないし一機関を表しているのではなく、法的秩序ないし国家の本源的構造自体を表している。主権とは、暴力と法権利のあいだ、生ける者と言語運用のあいだに決定不可能な結びつきがあるという考えのこと、その結びつきが例外状態に関する決定（シュミット[*5]）や締め出し（ナンシー[*6]）とい

＊4　以下を参照。ゲオルク・ヴィルヘルム・フリードリヒ・ヘーゲル『精神現象学』B, 4, A.

＊5　以下を参照。カール・シュミット『政治神学』長尾龍一訳、『カール・シュミット著作集』第一巻（慈学社出版、二〇〇七年）二頁。

う逆説的形式を必然的にもつという考えのことである。その締め出しにおいて、法（言語運用）は自分から身を退くことで、自らの暴力へ、自らの非関連へと生ける者を遺棄し締め出すことで、生ける者との関連を保つ。聖なる生は、つまり法によって例外状態のなかへと前提され遺棄された生は、主権の声なき保有者であり、これが本当の主権的主体である。

主権とはこのように、暴力と法権利のあいだ、本性と言語運用のあいだの決定不可能な境界が明るみに出るのを妨げる番人のことである。それに対して私たちは、〈正義〉の彫像（モンテスキューが指摘しているように、例外状態が布告されているときにはこの彫像は覆われていた）[*7]が見てはならなかったこと、つまり（今日、誰にとっても明瞭であるように）例外状態は規則であるということ、剝き出しの生は即座に主権的な結びつきの保有者であるということ、そうである以上、剝き出しの生は今日、無名かつ日常的な性格をまとえばまとうほど効果的な暴力へと遺棄されていくということ、これらのことをしっかりと見据えなければならない。

今日、社会的な潜勢力が存在するとすれば、それは徹底的にそれ自体の無力さへと向かうのでなければならず、主権を構成している結びつき、暴力と法権利、生ける者と言語運用のあいだの結びつきを、法権利を措定したり保存したりする意志のすべてを忌避しつつ、あらゆる場で粉砕するのでなければならない。

四

国家の没落によって、主権と支配の純粋な構造という国家の空虚な器が至るところで延命するがままになっている一方で、その反対に社会のまるごと全体が、安楽さという目的だけに向けられた消費と生産の社会という形式へと、撤回不可能なしかたで引き渡されている。シュミットのような政治的主権の理論家たちは、ここに政治の終わりの最も確かなしるしを見て取っている。そして実際、全地球の消費者大衆は（民族的および宗教的な旧い諸理想に単にあらためて陥らないときにも）、国（ポリス）のいかなる新たな形象をも垣間見せてくれない。

しかしながら、新たな政治が目の前にしている問題とはまさに次のようなものである。もっぱらこの世の生の十全な享受に秩序づけられた政治的共同体は可能か？　だが、よく見れば、これはまさに哲学の目標ではないか？　近代政治思想がパドヴァのマルシリオとともに生まれるとき、その思考はまさに、「充分な生」や「善く生きること」といったアヴェロエス主義的な概念を政治的な目的のために立てなおすことを通じて定義されるのではないか？[*8]　さらには、ベンヤ

＊6　以下を参照。Jean-Luc Nancy, "L'être abandonné," in *L'impératif catégorique* (Paris: Flammarion, 1983), pp. 139–153.

＊7　以下を参照。モンテスキュー『法の精神』12, 19.

ミンも「神学的 - 政治的断章」において、「俗的なものの秩序は幸福という理念にもとづいて立てられるのでなければならない」[*9]という事実に対して疑念を残していない。「幸福な生」という概念の定義（それによって本当に、この概念は存在論から分離されないようになる。というのも、「存在──私たちは生きるという以外でその経験をもたない」[*10]からである）は、到来する思考の本質的任務の一つのままである。

それゆえ、政治哲学が基礎とすべき「幸福な生」は、主権自体の主体にすべく主権によって前提される剝き出しの生でもなければ、人が今日聖化しようと虚しく努めている、科学や近代生政治の理解を阻む無縁性でもない。そうではなく、「幸福な生」とはまさに「充分な生」、絶対的に俗的な生のことである。この生は、生そのものの潜勢力と交流可能性の完成に達しており、主権や法権利はもはやこの生を捉えるいかなる手がかりももたない。

五

新たな政治的経験が構成される内在平面とは、スペクタクル国家によって実行される、言語運用の極端な収用のことである。じつのところ、旧体制にあっては、人間の交流的本質を疎外することは、共通の基礎の役を果たす前提（国民、言語、宗教……）へと実体化されていたが、現代の国家においてはこの交流性自体、この類的本質自体（つまり言語運用）こそが、生産サイクルの本質的要因になるにつれて一つの自律的圏域へと構成される。このように、交流を妨げているのは交流可能性自体であり、人間たちは、自分たちを一つに結びつけているものによって互いに分離されている。

だが、このことはまた、そのようにして私たちの言語的本性自体が顚倒して私たちのほうに向かって来るということをも意味している。それゆえに（まさに、収用されるのは〈共通なもの〉の可能性自体であるがゆえに）、スペクタクルの暴力はこれほどまでに破壊的である。だが、これと同じ理由から、スペクタクルにはスペクタクルに抗して用いることのできる何か肯定的な可能性といったようなものが依然として含まれている。じつのところ、私たちがいま経験している時代は、人間が自分の言語的本質自体を——言語運用のこれこれの内容、しかじかの真の命題をではなく、人が話すという事実自体を——はじめて経験することが可能になった時代でもある。

＊8　以下を参照。パドヴァのマルシリオ『平和の擁護者』1, 4, 1-2.

＊9　ヴァルター・ベンヤミン「［神学的 - 政治的断章］」、『ドイツ悲劇の根源』下巻、浅井健二郎訳（筑摩書房［ちくま学芸文庫］、一九九九年）二二四頁。

＊10　フリードリヒ・ニーチェ『力への意志』582. 引用元では「経験」ではなく「表象」とある。

六

ここで問題となっている経験にはいかなる客観的内容もない。この経験をこれこれの事態やしかじかの歴史的状況に関する命題として定式化することはできない。この経験は言語運用の状態にではなく、言語運用という出来事に関わっている。この経験はこれこれの文法にではなく、いわば「語るという事実（factum loquendi）」そのものに関わっている。したがって、この経験は思考の材自体に関わる、あるいは思考の潜勢力に関わる実験として構築されるのでなければならない（スピノザ用語で言えば「知性の潜勢力の、あるいは自由の（de potentia intellectus, sive de libertate）」実験である）。

この実験に賭けられているのは、人間の運命や特有の目的としての、あるいは政治の論理的－超越論的条件としての交流（交流に関する疑似哲学においてそうであるような）ではまったくなく、類的存在の唯一のありうべき材の経験にほかならない（つまり、「共出現」の経験——ナンシー[*11]——、あるいはマルクス用語で言われる「一般知性（General Intellect）」の経験である）。したがって、そこから派生する第一の帰結は、目的か手段かという、あらゆる倫理、あらゆる政治を麻痺させている偽りの二者択一を転覆させるということである。じつのところ、手段のない合目的性（即自的目的としての善や美）は、一つの目的に関してのみ意味をもつような手段性に劣らず疎外的である。政治的経験において問題となっているのはより高い目的ではなく、純粋な手段性としての〈言語運用のなかにあること〉自体である。つまり、縮減不可能な条件としての、人間の〈一手段のなかにあること〉である。政治とはこれこれの手段性を曝し出すこと、しかじかの手段そのものを目に見えるものにすることである。それは即自的目的の圏域でもなければ、これこれの目的に従属している手段の圏域でもない。それは、行動の領野としての、人間の思考の領野としての、目的のない純粋な手段性である。

七

「言語運用の経験（experimentum linguæ）」の第二の帰結は、我有化概念と収用概念を超えたその先で考えなければならないのはむしろ自由な使用の可能性およびその諸様態だということである。実践や政治的考察は今日もっぱら固有なものと非固有なものの弁証法のなかを動いており、そこでは（民主主義的な産業先進諸国家において起こっているように）偽造と消費へのとどまる

＊11　以下を参照。ジャン＝リュック・ナンシー、ジャン＝クリストフ・バイイ『共出現』大西雅一郎ほか訳（松籟社、二〇〇二年）。

ことを知らぬ意志において、非固有なものが自らの支配をどこであれ課すか、さもなければ、統合主義的ないし全体主義的な諸国家において起こっているように、固有なものが固有なもの自体からあらゆる非固有性を排除しようとする。それに対して、固有なものと非固有なもののあいだの不分明点を、つまり我有化や収用といった辞項ではけっして捉えられえず使用としてのみ捉えられうる何かを、共通なもの（あるいは他の人々の呼ぼうとしているように、平等なもの）[*12]と私たちが呼ぶならば、本質的な政治的問いは「共通なものをどのように使用するか？」となる（自分にとっての最高概念を我有化や収用としてではなく、収用されることの我有化として定式化していたときにハイデガーの念頭にあったのは、[*13]もしかすると何かこのたぐいのことなのかもしれない）。

　政治的思考の新たな諸カテゴリーは――無為の共同体、[*14]共出現、平等性、忠実性、[*15]大衆の知性、[*16]到来すべき人民、[*17]何であれの特異性、[*18]そのいずれでもよいが――、この言語運用という出来事の経験の場やありかたや意味を、共通なものの自由な使用として、純粋手段の圏域として分節化することに成功してはじめて、私たちが直面している政治の材に表現を与えることができるようになる。

＊12　以下を参照。Jacques Rancière, "La communauté des égaux," in *Aux bords du politique* (Paris: La Fabrique, 1998), pp. 94-127; バディウ『哲学の条件』三五九―三六五頁。

＊13　以下を参照。ハイデッガー「時と有」四五頁。

＊14　以下を参照。ナンシー『無為の共同体』西谷修・安原伸一朗訳（以文社、二〇〇一年）。

＊15　以下を参照。バディウ『存在と出来事』三〇〇―三〇九頁。

＊16　たとえば以下を参照。Anonymous, "Cionondimeno," *Luogo comune*, 1 (Roma: General Intellect, 1990), pp. 3-8.

＊17　以下を参照。ジル・ドゥルーズ、フェリックス・ガタリ『哲学とは何か』財津理訳（河出書房新社［河出文庫］、二〇一二年）一八八―一九〇頁。

＊18　以下を参照。ジョルジョ・アガンベン『到来する共同体』上村忠男訳（月曜社、二〇一二年）八―一一頁。

この流謫にあって——イタリア日誌　一九九二—九四

収容所から生き延びて戻って来た人々——いま戻って来る人々——には物語るべきことは何もなかったし、証し立てが真正であればあるほど彼らは自分の経験したことを伝えようとしないと言われる。まるで彼らが、自分の身に起こったことの現実性について——ひょっとすると悪夢を現実の出来事と取り違えたのではないかと——はじめて疑念に襲われた人々だというかのようにである。彼らには、アウシュヴィッツで、あるいはオマルスカで、自分が「より賢明にも、より深くも、より善くも、より人間的にも、人間に対してより好意的にも」ならなかったということがわかっていた——いまも彼らにはそのことがわかっている。その反対に、彼らは裸に剝かれ、空疎化され、見当を失って出て来た。彼らは自分の経験を云々したいとは思わなかった。あらゆる相違に留意したうえでだが、自分自身の証し立てに対して疑惑を抱くというこの感じは何らかのしかたで私たちにも当てはまる。この数年に私たちが経験したことには、話すことを私たちに許してくれるものは何もないように思われる。

自分自身の言葉に対する疑惑は、公私の区別が意味を失うたびに生み出される。じつのところ、収容所に住んでいた者たちは何を経験したのか？　それは歴史的‐政治的な一出来事（たとえば——ワーテルローの戦いに参加した兵士のように）だったのか、それとも厳密に私的な経験だったのか？　そのどちらでもない。アウシュヴィッツでユダヤ人だった者も、オマルスカでボスニア女性だった者も、政治的選択のゆえにではなく、血のゆえに、生物学的身体のゆえに収容所に入りこんだ。それは自分のもつ最も私的で交流不可能なものである。だが、いまやまさにそれが決定的な政治的判断基準の役を果たしている。この意味で、本当に収容所は近代の端緒をなす場である。つまりそれは、公的な出来事と私的な出来事の区別、政治的な生と生物学的な生の区別が厳密につかなくなる空間である。じつのところ、収容所に住む者は絶対的に私的な人である。政治的共同体から切り離され、剝き出しの生へと（さらには「生きられるに値しない」生へと）縮減されてしまったからである。だが、この者は私的なもののなかに逃げ場を見いだすことが一瞬たりともできない。まさに、見分けのつかなくなるこのありかたこそが、収容所に特有の不安を構成している。

カフカは、このたぐいの特有の場を明確に描写した最初の者だったが、このような場はそれ以来、私たちにとって完璧に馴染みのものになった。ヨーゼフ・Kの身に降りかかる事柄を、不安をもたらすものにするとともに滑稽なものにもしているのは、公的な出来事の最たるもの──訴訟──が、その反対に絶対的に私的な事実という姿を呈し、そこでは法廷が寝室と境を接しているということである。まさにこのことによって『訴訟』は預言的な本になっている。それが預言的だというのも、収容所のゆえにではない──というか、それだけではない。八〇年代に、私たちは何を経験したのか？　それは錯乱した、孤独な、私的な事柄だったのか、それともイタリア史や地球史における決定的な契機、爆発寸前の出来事に充ちた契機だったのか？　まるで、この数年に私たちが経験したことのすべてが、あらゆるものが混同され理解できなくなる不透明な不分明地帯に陥ってしまったかのようである。たとえば、タンジェントポリの諸事実は公的な出来事なのか、私的な出来事なのか？　告白するが、私にとってそれは明瞭ではない。それに、テロリズムというのが本当に、近年の私たちの政治史における重要な契機であるならば、それが何人かの個人の内面的な事柄としての悔悟や罪悪感や回心といったものを通じてはじめて意識に姿を現すなどということがどのようにすればありうるのか？　公的なものがこのように私的なもののなかに滑りこむことは、私的なものがスペクタクル的なしかたで公的なものになることに対置される。スターの乳癌やセナの死は、公的な事柄なのか個人的な事柄なのか？　公的でない部分が一センチもないポルノ女優の身体にどうすれば触れられるのか？　だが、私たちが今日出発点としなければならないのは、人間的経験の行動のすべてが売り叩かれているこの不分明地帯である。この不透明な不分明地帯を収容所と呼ぶならば、私たちは依然として収容所から始めなおさなければならない。

状況は限界点に達した、事態はいまや容認されえないものになっている、変化がなされなければならないと絶えず繰り返されるのが至るところから聞こえている。だが、そのように繰り返しているのはとりわけ政治家たちや新聞であって、彼らは結局のところ本当には何も変わらないように変化を導きたがっている。イタリア人の大半はというと、容認されえないものに対して黙ってまなざしを向けているように思われる。まるで、じっと動かずにテレビの大画面を見張っているかのようにである。だが、今日イタリアでまさに堪えがたいこととは何か？　もちろん、何よりもまずこの沈黙である。人民のまるごと全体が、自分自身の運命を目の前にして言葉もなくたたずんでいるということである。思い出してほしいが、きみは話そうとするときいかなる伝統にも依拠できないし、自由、進歩、法治国家、民主主義、人権といった、耳に心地よく響くいかなる単語も役立てることができないだろう。ましてや、イタリア文化やヨーロッパ精神を代表する資格などもてるはずもない。きみは、そこから外に脱け出す方策を何ももたないまま、容認されえないものを描写するように試みなければならないだろう。説明のつかないその沈黙に忠実でなければならないだろう。この沈黙の堪えがたさに対しては、きみはそこに内在する諸手段を用いてのみ応答することができるだろう。

これほどまでにすべてを堪える用意がありながら、それとともにすべてを容認しえないと見なした時代はかつてない。任意の問題に対して自分の臆見を表現しなければならなくなるたびに、呑み下せないものを日常的に呑みこんでいる人々の口にはこのお誂え向きの単語がのぼってくる。ただし、この単語をあえて定義しようと試みると、「拷問したり、人体をばらばらに切り刻んだり」することだけが容認されえないものだ——だから、それ以外のことはほとんどすべて堪えられる——と人は気づいてしまう。

たしかに、イタリア人の沈黙の理由の一つにはメディアの立てる騒音がある。すべてが始まるか始まらないかのうちに、新聞とテレビ——その日に至るまでは、体制への同意を組織する主要な存在だったもの——が、体制に対して満場一致で反抗した。このようにして新聞とテレビは、ゆっくりと苦心の末に見いだされる言葉の後に事実が続くということを妨げることで、文字どおり人々から言葉を奪った。

私たちが生きているこの民主主義‐スペクタクル社会の法則――それほど秘密の法則ですらない――の一つに、権力が深刻な危機に見舞われるときには、メディア族が、自分が不可欠な一部をなしている当の体制から一見したところ離脱するというものがある。それによって、革命になってしまわないように抗議を操舵し、向かう先を決めてやろうというのである。出来事が起こっていると見せかけるという、ティミショアラでおこなわれたようなやりかたがつねに必要ということもない。市民感情が身振りや言説となって会話や臆見交換のなかに流通し増大していくよりも前に、事実に先回りし（たとえば、数ヶ月来多くの新聞がおこなっているように、革命はすでに起こったと宣明することで）、それだけでなく市民感情に先回りして第一面でその感情を表現するだけで充分である。いまもなお思い出すが、私はクラクシ起訴の認可がおこなわれなかった翌日、体制派の大日刊紙の一つが第一面に大文字で載せていた「恥」という単語に、麻痺させられるような印象を受けた。言うべき単語が朝、お誂え向きに第一面に見つかるということは、安心させるとともに欲求不満にもさせるという特異な効果を生み出す。心安らぐ欲求不満（つまり、自分の表現能力を収用された者が覚える感情）は今日、イタリアにおける支配的な情感である。

私たちイタリア人は今日、正統性の絶対的不在という条件下に生きている。たしかに、国民国家に正統性を付与するということはしばらく前から至るところで危機に入りこんでいた。正統性において滅びゆくものを、前例のない規範の増殖を通じて合法性において取り戻そうとする強迫的な企てこそまさに、その危機の最も明白な徴候である。だが、いま私たちが生きることに慣れつつあるこの極限にまで没落が達したところは他のどこにもない。自らの空虚や汚穢をいまや剝き出しのまま示していないような権威も公権力もない。司法官職はこの瓦解を免れているが、それは司法官職が、誤って喜劇に入りこんでしまったギリシア悲劇のエリニュスよろしく、もっぱら処罰と復讐の審級として振る舞うからにほかならない。

だが、このことが意味しているのは、いまイタリアが新たに、七〇年代にそうであったような、政治の特権的な実験室になりつつあるということである。当時、世界じゅうの政府や部門が、信用を失ったシステムにあらためて正統性を付与するメカニズムとして、はっきりとした方向づけをもつテロリズムがどのようなしかたで機能しうるかを注意深く参与観察していたが（それらの政府や部門がこの実験に能動的に協力していた以上、少なくともそう言える）、それと同様に、いまやその同じ目が、制憲権を経由することなしに被構成権力が新政体への移行をいかにして操舵できるかに興味津々のまなざしを向けている。当然のことながらこれは繊細さを要する実験であり、患者が延命しないということもありうる（それは必ずしも最悪の結末でもないだろう）。

八〇年代には、陰謀を云々する者は考えすぎだと咎められたものである。今日では、国家の諜報部門は秩序と政体に反してかつて陰謀を企て、いまも陰謀を企てていると、共和国大統領自身が国に対して公的に告訴している。この告発は不明確だが、個別の事柄についてそうであるにすぎない。すでに誰かが几帳面に指摘していたとおり、実際には現代における陰謀はすべて、構成済みの秩序を利するように図られている。この告訴の途方もなさはただ、諜報部門が市民の殺害を企てたと認めている当の国家の最高機関が、その殺害の企図が国のためのもの、公権力のセキュリティのためのものだったと付け加えるのを忘れているという厚かましさにのみ匹敵する。

さらに理解を阻むものではあるが、本当は意識せぬ間に預言的なものとなっているのが、一大民主主義政党の書記長による宣明である。いわく、私を告発する判事たちは彼ら自身に対して陰謀を企てているに等しいというのである。国家という形式の変転の極相にあっては、すべての機関、すべての部門が、自らに対する、また他の機関に対する、容赦のないコントロール不可能な陰謀に巻きこまれている。

今日、政治家（とくにイタリア共和国大統領）やジャーナリストが「国家感覚」の危機とやらについて市民に警告を発しているということを往々にして耳にする。かつては、むしろ「国家理性」が云々されていた。これは、ボテロが偽ることなく「人民に対する支配［……］を基礎づけ、保存し、拡大するための諸手段に関する知識」[*1]と定義していたものである。理性から感覚へ、理性的なものから非理性的なものへのこの滑降の背後には何が隠れているのか？「国家理性」を云々するのは今日では単に不作法なことだから、よくわからない「感覚」、旧体制（アンシアン・レジーム）期における名誉の感覚を思い起こさせる「感覚」のなかに権力は救いの極端な可能性を探し求める。だが、自分の理性を見失った国家は自分の感覚も失ってしまっている。目も見えず耳も聞こえないまま、国家は終わりに向かって手探りで進んでいくが、臣民を道連れにして赴く先の廃墟のことは気にしていない。

イタリア人は何を悔悟しているのか？　最初は赤い旅団のメンバーやマフィアだったが、それから私たちは終わりのない顔の行列に立ち会った。それらの顔は確信のうちにあって険しく、自らの動揺のうちにあって決然としていた。マフィアのばあいには、顔が見分けられるのを妨げるべく陰になっていることもあり、私たちには——燃える柴から聞こえるように[*2]——「ただ声だけ」が聞こえた。現代にあって良識は、暗がりから発せられるこの低い声で呼びかけている。それは

＊1　ジョヴァンニ・ボテロ『国家理性』1, 1.
＊2　以下を参照。「出エジプト記」3:1–6.

まるで、現代には悔悟以外の倫理的経験がないというかのようである。とはいえ、その非整合性がまさにここであばかれる。というのも、悔悟とは道徳的カテゴリーのなかでも最も信用の置けないものである――それどころか、これが純正な倫理的概念に属するかどうかすら確かではない――からである。スピノザが『エティカ』において、悔悟に対してあらゆる市民権を否定している決然とした身振りは知られている。彼は次のように書いている。悔悟する者は二度にわたって破廉恥である。第一に、悔悟しなければならない行為を犯したためであり、第二に、悔悟したからである。[*3] だが、すでに十二世紀に、道徳のなか、カトリックの教義のなかに悔悟が力強く入りこんできたときに、このことは即座に問題としておのれの姿を呈している。じつのところ、悔悟の真正性をどのようにして証拠立てるのか？　ここで、領野はすぐに二分される。一方は、アベラルドゥスのように内心の痛悔だけを要請する者たちであり、[*4] 他方は「悔悛則」である。そこでは反対に、悔悟者の内面的な、測りしれぬ気のもちようなどよりも、はっきりとした外的行為の遂行のほうが重要だとされた。[*5] 問いはまるごと、即座に悪循環に巻きこまれてしまう。外的な行為は悔悟の真正性を証さなければならず、内面的な痛悔は悔悟のおこないの純正性を保証しなければならないという悪循環である。今日の訴訟にあって、仲間を告訴することが悔悟の真実性の証しとなり、内奥での悔悟が告訴の真正性を裁可するというのも、これと同じ論理にしたがってのことである。

それに、悔悟が法廷で終わるということも偶然ではない。真理は次のとおりである。悔悟ははじめから、道徳と法権利のあいだの曖昧な妥協としておのれの姿を呈している。この世の権力と両義的なしかたで折りあいをつけてしまった宗教は、悔悛と刑罰のあいだ、犯罪と罪のあいだに等価性を制定することで、その妥協を悔悟を通じて正当化しようと空しく努める。だが、倫理-宗教的な諸カテゴリーと法的諸概念との混同ほど、あらゆる倫理的経験の取り返しのつかない瓦解の確かなしるしであるものもない。この混同は今日、爆発的発作にまで達している。道徳が云々されているところではどこであれ、今日、人の口にのぼっているのは法権利の諸カテゴリーである。その反対に、法をなしたり訴訟をなしたりするところではどこであれ、倫理的概念が警士の斧のように操られている。

悔悟が――良心からなされる、非の打ち所のない行為として――法典や法のなかに入りこんできたことを世俗の者たちが慌ただしく歓迎する真面目ぶった様子は、なおのこと無責任なものである。というのも、真正でない確信を抱かされて自分の内的経験のすべてを偽りの概念に賭けることを余儀なくされる者が本当に痛ましいとしても、もしかすると彼には依然として希望がある

＊3　以下を参照。バルーフ・デ・スピノザ『エティカ』4, prop. 54.
＊4　たとえば以下を参照。ペトルス・アベラルドゥス「実りある改悛について」、『エティカ』165.
＊5　たとえば以下を参照。ヴォルムスのブルカルドゥス『教令集』19.

かもしれないからである。だが、道徳家の衣装をまとったメディア族には、悔悟させられる者の痛ましさの上に自分のわけ知り顔の勝利を築きあげるテレビの思想的指導者（メートル・ア・パンセ）には、そう、彼らには本当に希望がない。

ナーポリの街路にある「煉獄の魂」。昨日、私は裁判所の近くで大きいものを見たが、ほとんどの人形の腕が粉砕されていた。人形たちは地面に横たわり、嘆願の身振りのまま、もはや立ち上がることはなかった。焔よりも恐ろしい拷問の、無用なエンブレム。

イタリア人は何を恥じているのか？　公開討論でも井戸端会議でもカフェでの議論でも、語調が強くなるやいなや、まるでそこにそのつど決定的な論拠が含まれているというかのように「恥を知りなさい！」という表現が繰り出される頻繁さには驚愕させられる。たしかに、恥は悔悟の序曲であり、悔悟は今日イタリアでは切り札である。だが、この表現で他人を面罵する者の誰一人として、相手が不意に赤面して悔悟を宣明するなどということを本当には予期してはいない。それどころか、相手はそのようなことをしないだろうということが当然とされている。だが、今日ここで誰もが巻きこまれている奇妙なゲームでは、最初にこの定式を用いるのに成功する者が真理を自分の側に置くように思われる。悔悟が善に対するイタリア人の関係を形作っているとすれば、恥が真理とのイタリア人の関係を支配している。イタリア人にとって、悔悟が唯一の倫理的経験であるのと同様に、恥以外に真との関係はない。だがそれは、それを感じなければならなかったはずの者たちよりも先まで生き延びた恥、権利上の真理よろしく客観的かつ非人称的なものになった恥である。決定的な部分が悔悟に抵触している訴訟において、恥は、既判事項へと移行しうる唯一の真理である。

マルクスは、恥に対していくばくの信頼を依然として抱いていた。恥によって革命はなされないと反駁していたルーゲに対し、恥はすでに一つの革命であるとマルクスは応答し、恥を「自分に向けられた一種の怒り」[*6]と定義づけている。だが、マルクスが云々していたのはそれぞれの人民が他の人民に対して抱く「国民的な恥」、ドイツ人がフランス人に対して抱く恥のことである。それに対してプリーモ・レーヴィは、今日あるのは「人間であることの恥」、それぞれの人間を何らかのしかたで汚した恥だということを私たちに示した。[*7]それは収容所の恥、起こるべきでな

＊6　カール・マルクス「『独仏年誌』からの手紙」花田圭介訳、『マルクス＝エンゲルス全集』第一巻（大月書店、一九五九年）三七三頁。
＊7　以下を参照。プリーモ・レーヴィ『溺れるものと救われるもの』竹山博英訳（朝日新聞出版、二〇一四年）七一―九二頁。

かったことが起こったという恥だった——そして、それはいまもなお恥である。正当に言われてきたことだが、あまりの思考の卑俗さを前にして、しかじかのテレビ番組で司会者の顔を前にして、自分の能力をメディアの政治ゲームに嬉々として貸し出すあの「専門家」たちの揺るがぬ微笑を前にして私たちが今日感ずるのがこの種の恥である。人間であることの黙した恥を感じた者は誰であれ、自分の生きている政治的権力とのすべての紐帯を自分のなかで切り離している。この恥によってその者の思考は給養される。その恥はある革命の始まり、ある脱出の始まりであって、その脱出の終わりはかろうじて垣間見ることができるだけである。

(ヨーゼフ・Kは、死刑執行人のナイフが自分の肉を刺し貫こうとするところで、最後にはっとひらめいて、自分より先にまで生き延びる恥にしがみつくことに成功する。[*8])

金銭を唯一の生きる理由としてきた者たちが周期的に経済危機という案山子(かかし)を振りまわす厚顔無恥ぶり、富裕者たちが今日、万人のために犠牲が必要となると貧民に戒告するために質素な衣装をまとう厚顔無恥ぶりほどに吐き気を催すものもない。それに劣らず唖然とさせられるのは、愚かにも公債の破綻の共犯にされ、貯蓄のすべてを国債証券と引き換えに国家に譲り渡した者たちの従順さである。彼らは平然と戒告に堪え、赤貧に備えている。だが、いくばくの明晰さを保っている者には、危機はつねに進行中だということがわかっている。すなわち、危機は今日の位相における資本主義の内的動因だということである。今日、例外状態が政治的権力の通常の構造であるのと同様にである。例外状態は、政治権を欠いた居住者の占める部分がますます増加していくことを、それどころか最悪のばあいは全市民が剝き出しの生へと縮減されることを要求しているが、それと同様に、常設的なものとなった危機は、ただ第三世界の人民がますます貧しくなることだけでなく、産業社会の市民が労働を失って周縁に追いやられる割合がますます増していくということをも要請している。今日のいわゆる民主主義国家のなかに、人間の悲惨のこの大々的な製造にどっぷり首まで浸かっていないような国家はない。

愛の外に出る者たちに対する処罰とは、〈判定〉の権力へと引き渡されているということである。彼らは互いに互いを判定しなければならなくなる。

これが、現代における、人間の生に対する法権利の支配のもつ意味である。つまり、その他の宗教的・倫理的な諸力のすべては力を失って刑罰の特免ないし宙吊りとしてのみ生き延びるので

＊8　以下を参照。フランツ・カフカ『訴訟』川島隆訳、多和田葉子編『カフカ』（集英社［集英社文庫］、二〇一五年）五九七頁。

あって、いかなるばあいであれ判定の中断ないし拒否として生き延びるわけではない。それゆえ、法的諸カテゴリーがもはやいかなる理解可能な倫理的内容をも反映していない世界において、法的諸カテゴリーのもつこの無条件な効力ほどに陰鬱なものもない。その効力には本当に意味がない。それは、カフカの喩話における法の番人の振る舞いが不可解であるのと同じである。[*9] これ以上なく確かな判決をも疑わしいもの（ノン・リクエト）へと変容させるこの意味喪失は、私たちを昨日まで統治していたクラクシその他の権力者たちの告白において、おそらく彼らよりましということもない者たちに彼らが座を明け渡さなければならないところで、一挙に明るみに出される。というのも、ここでは有罪であると認めることは即座に、各人に向けてなされる万人の共犯者たれという普遍的な呼びかけであって、万人が有罪であるのならば判定は専門的に言って不可能だからである。（最後の審判の日の主でさえ、地獄堕ちの者しかいないのであれば判決を口にすることを控えるだろう。）法権利はここにおいて、法権利の内奥の矛盾を——使徒パウロの意図にしたがって[*10]——表現している「有罪であれ」という原初的指令のなかへと引き下がる。

人間たちを一つに結びつける力としてのキリスト教的な愛の倫理が決定的に凋落したことを、法権利によるこの支配ほどうまく表明しているものもない。だがこれとともに、キリスト教会があらゆるメシア的意図を無条件に遺棄しているということもあばかれる。というのも、メシアとは宗教が法の問題と対決し、法との決定的な果たしあいに至る場となる形象のことだからである。

ユダヤの領域においても、キリスト教やシーア派の領域においても、じつのところメシア的な出来事は何よりもまず、宗教的伝統のもつ厳密な意味で合法的な秩序が危機に瀕し、ラディカルな変容を被ることをしるしづけるものである。そのときまで価値をもっていた旧い法（創造のトーラー）がその価値をもたなくなる。だが、当然のことながらそれは、単にその旧い法を新たな法で置き換えるということではない。そこに含まれる戒律や禁止は、先行する戒律や禁止と異なるとはいえ、実質上は構造において同質的である。ここから、メシアニズムのはらむ逆説の数々が生じてくる。サバタイ・ツェヴィはこの逆説を「トーラーの完遂はトーラーの侵犯である」[*11]と言って表現し、キリストは（パウロより簡素に）「私が来たのは［法を］解消するためではなく、［これを］完遂に至らせるためである」[*12]という定式で表現した。

法権利とのあいだに持続的な妥協を取り結ぶことで、教会はメシア的な出来事を凍結させ、世界を判定の権力へと引き渡したが、教会はこの判定の権力を贖宥という形で、また悔悛によって

＊9　以下を参照。カフカ『訴訟』五七九―五八一頁。
＊10　以下を参照。「ローマ人への手紙」7:7–25.
＊11　以下を参照。Gershom Scholem, "Redemption Through Sin," trans. Hillel Halkin, in *The Messianic Idea in Judaism* (New York: Schocken Books, 1995), p. 84.
＊12　「マタイによる福音書」5:17.

罪を免ずるという形で巧みに管理している（メシアはこのような除免を必要としていない。「私たちが債務者の負債を免ずるように、私たちの負債を免じてください」[*13]というのは、法のメシア的完遂の先取りにほかならない）。メシアニズムが近代政治に割りあてていた任務——法という形象（だけ）をもつのではない人間的共同体を思考すること——は、それを引き受ける精神を依然として待っている。

今日、「進歩主義」的であると自らを定義づけている諸政党と、「左派」連合と言われているものが、投票のなされた大都市の行政選挙で勝利した。この勝利者たちが既成勢力（エスタブリッシュメント）としておのれの姿を呈し、経済、政治、宗教の旧い有力者たちをいかなる対価を払っても安心させることを強迫的なまでに気にしている様子には驚愕させられる。エジプトでマムルークを敗北させたときにナポレオンが最初にやったことは、旧体制が基礎としていた名士たちを召集し、新たな主権者のもとでも名士たちの特権と機能は変わらぬままだと伝えることだった。いまここでおこなわれているのは外国の軍事的征服ではないのだから、ついこのあいだまで共産党と呼ばれていた政党の首領がリラと株式市場は充分に打撃に堪えたと示すことで銀行家と資本家を安心させようと努めた熱意は、少なくとも時宜を得ないものではある。確かなことが一つある。この政治家たちは、いかなる対価を払っても勝利しようとする自分の意志自体によって、結局は敗北するだろうということである。既成勢力（エスタブリッシュメント）であろうとする欲望は、前任者たちを滅ぼしたのと同様に彼らを滅ぼすだろう。

敗北と不名誉を区別できるというのは重要なことである。一九九四年の国政選挙における右派の勝利は左派にとっては敗北だが、それがまさにそれゆえに不名誉であるという含意はそこにはない。たしかにそれは不名誉ではあるが、それはこの失敗が、すでに数年前に始まっている退縮プロセスを締めくくる契機として到来したからである。そこに不名誉があったのは、この敗北が相対立する立場をめぐる戦いを締めくくるものではなく、この敗北によって決定されたのはただ、スペクタクル、市場、企業という同一のイデオロギーを実行に移すのが誰の番なのかにすぎないからである。ここに見て取れるのは、すでにスターリン主義の時代に始まっている裏切りの必然的帰結にほかならない。そうかもしれない。だが、ここで私たちが関心をもつのは、七〇年代末から遂行されている変転にほかならない。というのも、知性の完全な腐敗が、進歩主義と今日呼ばれている偽善的で常識ぶった形式を帯びたのはこのときだからである。

ジャン゠クロード・ミルネールは最近の本で、ある原則の名において示談というこのプロセス

＊13　「マタイによる福音書」6:12.

が遂行されたとし、その原則を「進歩主義」と定義づけて明瞭に同定している。[*14] 革命は資本や権力と示談しなければならなかった。教会が近代世界と折りあいをつけなければならなかったようにである。このようにして、権力へと歩みを進める進歩主義の戦略を導いたモットーが少しずつ形を取ってきた。それは、すべてに譲歩しなければならない、あらゆるものをその反対物と、知性をテレビや広告と、労働者階級を資本と、言論の自由をスペクタクル国家と、環境を産業発展と、学を世論と、民主主義を選挙装置と、疚しさや誓絶を記憶や忠実性と和解させなければならないというモットーである。

この戦略によって導かれた先が何であるかが今日見て取れる。あらゆる領域で、左派は諸々の道具と合意の準備を能動的に協力しておこなってきたが、権力の座に着いた右派は、それらを適用し発展しさえすれば、自らの目標を苦もなく獲得できるだろう。

これとちょうど同じように、労働者階級は、ナチズムに引き渡されるよりも前に、ドイツ社会民主主義によって精神的かつ物理的に武装解除された。幻想上の正面攻撃を待ちかまえて見張っていろと善意の市民たちが呼びかけられているあいだに、左派自身によって左派の戦線に開かれた突破口から右派はすでに通り抜けていた。

古典的政治は、ゾーエーとビオスのあいだ、自然的な生と政治的な生のあいだ、かたや家を自分の場とする単なる生ける者としての人間と、かたや国（ポリス）を自分の場とする政治的主体としての人間のあいだを、明瞭に区別していた。この区別については、もはや私たちには何もわからなくなっている。もはや私たちはゾーエーとビオスを、一方の生ける存在としての私たちの生物学的な生と他方の私たちの政治的実存を、一方の声なき交流不可能なものと他方の言われうる交流可能なものを区別できない。フーコーが書いたことがあるとおり、私たちは、政治において生ける存在としての自分の生自体が問題となる動物である。規則となった例外状態のなかで生きるとは、次のような意味でもあった。すなわち、私たちの私的な生物学的身体は私たちの政治体と区別がつかなくなり、かつては政治的と言われていた諸経験が不意に私たちの生物学的身体のなかへと閉じこめられ、私的な諸経験が突如、政治体として私たちの外におのれの姿を呈したということである。身体と場、外部と内部、声なきものと言葉をもつもの、奴隷であるものと自由なもの、欲求であるものと欲望であるもの、この両者が混同されるなかで私たちは思考し書くことに慣れなければならなかった。このことが意味したのは――なぜこれを告白せずにいられよう？――絶対的な無力さを経験するということ、仲間や言葉があるとまさに予期されるところでそのつど孤

＊14　以下を参照。Jean-Claude Milner, "Du progressisme comme structure," in *L'archéologie d'un échec* (Paris: Seuil, 1993), pp. 25–29.

独と無声性に出くわすということである。私たちはこの無力さを通り抜けられるがままに通り抜けはしたが、その一方で私たちは、例外が規則となった新たな地球規模の政治空間を定義づける騒々しいメディアに四方から取り巻かれていた。だが、私たちが今日、また別の政治へ、また別の身体へ、また別の言葉への道をあらためて見いださなければならないのは、この不確かな土地、この不透明な不分明地帯を出発点としてである。公的なものと私的なもの、生物学的身体と政治体、ゾーエーとビオスのこの不分明を、私はいかなる理由があろうとも断念する気にはなれない。私が私の空間をあらためて見いださなければならないのはここである――ここであって、他のいかなる場でもない。私が関心をもつことができるのは、この意識から出発している政治だけである。

思い出すが、私は一九六六年、ル・トールでおこなわれたヘラクレイトスに関するセミナーに通っていたとき、カフカを読んだことがあるかハイデガーに問うたことがある。彼の応答は、多くを読んではいないが、とりわけ「巣穴」という物語が印象に残っているというものだった。物語の主人公である名もない動物（モグラかキツネか人間か）は、難攻不落の巣穴を構築するのに強迫的に専心しているが、反対にこの巣穴は出口のない罠だということが少しずつ明らかになっていく。[*15] だが、これこそまさに、西洋の国民国家という政治空間において起こったことではないか？　国民国家が構築しようと働いてきた当の家（「祖国」）は、そこに住まなければならなかった「人民」にとっては結局のところただ死に至る罠でしかないということが明らかになった。

じつのところ、ヨーロッパの国民国家にとって、割りあてられうる歴史的任務などもはやないということは第一次世界大戦の終わりから明白になっている。二十世紀の全体主義の大実験に、ただ国民主義と帝国主義という十九世紀の国民国家の最後の任務の続行だけを見て取るならば、その大実験の本性を完全に誤解することになる。そこに賭けられているのはいまやまったく別の、さらに極端なものである。というのも、そこで問題になっているのは、人民の単にして純な作為的実存を――つまり、結局のところ人民の剝き出しの生を――任務として引き受けるということだからである。ここにおいて、今世紀の全体主義の数々は本当に、歴史の終わりというヘーゲル－コジェーヴ的な理念の裏面となっている。つまり、いまや人間は自らの歴史的テロスに達しているが、それはオイコノミアの君臨の無条件な展開を通じて人間社会を脱政治化することにほかならず、あるいはまた、生物学的な生自体を最高の政治的任務として引き受けることにほかならない。だが、政治的パラダイムが――以上のいずれのばあいでもそうだが――家になると、実存の最も内奥の現事実性である固有なものが、致命的な罠へと変容するおそれがある。私たちは

＊15　以下を参照。カフカ「巣穴」由比俊行訳、多和田編『カフカ』二一五―二七五頁。

今日、この罠のなかで生きている。

アリストテレスは『ニコマコス倫理学』のある決定的な一節（1097 b 22 *sq.*）で、人間の「働き（ergon）」、人間の〈現勢力にあること〉や固有な働きはあるのか、それとも人間はひょっとすると人間そのものとしては本質的に「働きのないもの（argos）」、つまり働きを欠いた、無為のものなのではないかと問うている。

アウロス奏者、彫刻家、また他のあらゆる職人にとって、さらに一般的に、働きや機能をもつあらゆる者にとって、固有のうまさや良さはその働き（ergon）に存するように思われる。人間そのものにとっても同様であるにちがいない。人間に何か一つの固有な働き（ergon）といったようなものがあるとすればである。あるいは、家具職人や靴職人には固有の働きや機能がある一方で、人間はそのようなものを何ももたず、つまりは働きのないもの（argos）に生まれていると言わなければならないのだろうか？

政治とは、人間の本質的無為に対応するもの、人間的共同体のラディカルに働きのない存在に対応するものである。そこに政治がある。というのも、人間とは「働きのない（argos）」存在であり、いかなる固有の働きによっても定義づけられないからである。つまり、人間はいかなるアイデンティティによってもいかなる使命によっても汲み尽くされえない、純粋な潜勢力をもつ存在だということである（これがアヴェロエス主義のもつ純正な政治的意味であって、これこそが人間の政治的使命を可能的知性へと結びつける）。この「働きのなさ（argia）」、この本質的な無為や潜勢性が、歴史的任務となることなくどのようなしかたで引き受けられうるのか、つまり、政治が人間の働きの不在を露出させること、あらゆる任務に対するほとんど創造的無関心とでも呼べるものを露出させること以外ではありえず、この意味でのみ政治が幸福へと全面的に割りあてられたままでありうるのはどのようなしかたでなのか――これこそが、剝き出しの生に対するオイコノミアの地球規模での支配を通じて、またその支配を超えた先で、到来する政治のテーマとなる。

フォースターの物語るところによれば、アレクサンドリアのカヴァフィスと会話をしたとき、この詩人は次のように言ったという。「あなたたちイギリス人は私たちを理解することはできない。私たちギリシア人は大昔に破産している」[*16]。思うに、確信をもって断言できるわずかなこと

＊16　E・M・フォースター『E・M・フォースター著作集』第十二巻（『民主主義に万歳二唱』第二巻）小野寺健ほか訳（みすず書房、一九九四年）九三頁。ここでの引用は比較的自由になされている。

の一つに、それ以来ヨーロッパのすべての人民が（もしかすると、この地上のすべての人民が）破産したということがある。アポリネールが自分について「王たちの終わる時代に私は生きていた[*17]」と言っていたのと同様に、私たちは人民の破産の後に生きている。それぞれの人民はそれぞれ個別のしかたで破産した。それがドイツ人にとってはヒトラーとアウシュヴィッツを意味し、スペイン人にとっては内戦を、フランス人にとってはヴィシーを、その他の人民にとっては反対に静かで残虐な五〇年代を、セルビア人にとってはオマルスカでの強姦を意味したということは、たしかにどうでもよいことではない。結局のところ、私たちにとって決定的なのはただ、この破産が私たちに遺産として残した新たな任務だけである。もはやそれを引き受ける人民がない以上、もしかするとこれを任務として定義づけることすら正当ではないのかもしれない。アレクサンドリアの詩人ならば今日、微笑んで次のように言うところである。「いまや、あなたたちも破産した以上、私たちは少なくとも互いに理解しあえる」。

＊17　ギヨーム・アポリネール「葡萄月」入沢康夫訳、『アポリネール全集』第一巻（青土社、一九七九年）二五一頁。

翻訳者あとがき

本書は、以下の翻訳である。Giorgio Agamben, *Mezzi senza fine : Note sulla politica* (Torino: Bollati Boringhieri, 1996).

この本には、私自身による翻訳がすでに存在している（『人権の彼方に　政治哲学ノート』（以文社、二〇〇〇年））。今回、版を改める提案が版元からあり、よい機会なので本文にも註にも徹底的に手を入れた完全な改訳版をお届けすることにした。タイトルも、『目的のない手段　政治についての覚え書き』という、原著のタイトルをそのまま反映するものに変えた。

旧版では底本とフランス語版との異同もある程度まで示していた。フランス語版（一九九五年）はイタリア語版に先行して刊行されており、また、収録されている論考には初出がフランス語というものも多く、フランス語版のほうが初発の息吹きを伝えているということがあったからである。だが、今回は底本（イタリア語版）にのみ従い、その他の版（具体的にはフランス語版、英語版、ドイツ語版）はあくまでも作業上の参考にするにとどめている。参照・引用文献をではなく事項を説明する註も大半を削除し――どうしても必要と思われる事項にはこの先で触れる――、少なくとも本文の提示に関するかぎりは簡潔を旨とした。

★

ごく大ざっぱに説明すれば、八〇年代初頭に特異な言語思想を展開していたジョルジョ・アガンベンが政治への慎重な一歩を踏み出すのが短文集『散文のイデア』（一九八五年）――とくにその第二部――である。続く『到来する共同体』（一九九〇年）は、彼独自の政治思想が、やはり短文を連ねる形でだがマニフェストとしてまとめられたものである。本書は、先行するこれらの著作に続くものであることは明らかだが、一九九〇年代前半の政治・社会情勢を具体的な背景とし、時評を織り交ぜつつ議論が展開されるという唯一無二の特徴をもっている（その点が最も顕著なのは掉尾を飾る「この流謫にあって」だろう）。実際、収録されている論考はいずれも、部分的にであれ機会をそのつど得て新聞や雑誌に掲載されたものが初出となっている。

なお、アガンベンの諸著作における時事の参照については、二〇一五年までについては「ホモ・サケル」シリーズ第二巻第二部『スタシス』（二〇一五年）の翻訳者あとがきで整理したことがあるので、必要に応じてご確認いただければ幸いである。また、時評を含む論考はそれ以降も折りに触れて発表されている。そのなかで、良きにつけ悪しきにつけ最も耳目を惹いたものに、コロナ騒動をめぐって書かれた『私たちはどこにいるのか?』(二〇二〇年)がある。ちなみに、そこで展開されている議論は本書の――とくに「〈生の形式〉」の――明確な延長線上にある。

さて、逆説的なことではあるが、時局を参照するということは、冷戦の終わりから生ずるさまざまな帰結という当時の文脈を実感のある記憶として共有していない読者にとって不明瞭な記述を生みかねないということをも意味する。当時の人々は、ベルリンの壁崩壊や湾岸戦争やソ連崩壊やユーゴスラヴィア紛争は知っていても、九・一一もアフガニスタン紛争もイラク戦争も知らない。「アラブの春」も「雨傘運動」も「オキュパイ・ウォール・ストリート」も知らない。難民問題は存在するが、そこにシリア人、ロヒンギャ、イエメン人、南スーダン人の姿はない。ソ連崩壊以降は新生ウクライナが存在するが、その国名の響きは今日とは違っている。イスラエルとパレスティナについても同様である。また、喫緊の原発事故はチェルノブイリであって福島ではない。人々を恐怖させる新奇な感染症といえばAIDSであってCOVID-19ではない。富の偏在はすでに相当なものだとしても、今日におけるほど極端な様相を呈してはいない。インターネットの爆発的普及の前夜にあっては当然のことながらスマートフォンも存在せず、エドワード・スノウデンもジュリアン・アサンジもいない。ポスト-トゥルースという単語はない。逆に言えば、一九九〇年代前半の背景はいま、仮にまだ共有されているとしても遠景になっている。本書の各所で「今世紀」とあるのは二十一世紀ではなく二十世紀である。

ただし、アガンベンが時間の経過とともに思想の大枠を変化させてしまうような思想家ではないということもあって、具体的な参照対象をもつ本書における議論が、本書に先行するものにせよ後続するものにせよ難解と受け取られがちな彼の仕事に対して、より理解可能な、くっきりとした輪郭を与えてくれるということはやはり否定できない。それどころか、当時目の前にあった問題が幸か不幸か依然として今日性をもっているということもありうる（そのことが明瞭な「人権の彼方に」や「収容所とは何か？」から本書を読みはじめるのも、とくにアガンベンの著作に不慣れな読者にとっては有用だろう）。

さて、「序」の末尾でも触れられているとおり、本書は「ホモ・サケル」シリーズ全体の副読本として読むことが充分に可能である。本書第一部（「〈生の形式〉」「人権の彼方に」「人民とは何か？」「収容所とは何か？」）の記述がシリーズ第一巻『ホモ・サケル』（一九九五年。「主権的権力と剥き出しの生」という副題をもつ）に実質的に統合されているというのはその最も明瞭な現れである（なお、イタリア語では順序が逆になり、『ホモ・サケル』の後に本書が刊行されている）。

もちろん、開始当初は完結に二十年もかかるとはさすがに想定されていなかっただろう「ホモ・サケル」シリーズ――一九九五年から二〇一五年まで書き継がれ、最終的に全九冊に及んだ

――の各巻にとって、本書の伴走が喚起力をもつ度合いに差はあるにちがいない。だが、「この流謫にあって」におけるオイコノミアに関する記述が第二巻第四部『王国と栄光』（二〇〇七年）に慎ましい起点を提供していると見えたり、「〈生の形式〉」におけるバタイユ批判が第四巻第二部『身体の使用』（二〇一四年）にもそのままの形で繰り返されていたりすることからも、本書において提示されている枠組みや方向づけは、シリーズ完結後から振り返ってみても、相当に持久力をもつものであることが窺える。

　とはいえ、本書が「ホモ・サケル」シリーズに従属する時評集にとどまるものではないということも即座に言い添える必要がある。たとえば「顔」は、『散文のイデア』（一九八五年）以来の「栄光」や「見かけ」をめぐる思考を簡潔に提示する、ある程度まで――本書の他の論考と重なる記述もそこかしこに含まれるとはいえ――独立していると取れる特異な断章群である。また、「身振りについての覚え書き」も、「使用」と並んでアガンベン独自の行為論の中核をなすと言ってよい「身振り」概念を扱う諸論考において中心的なものであり、これもまた本書の他の論考から遊離して見えるかもしれない。

　ただし、これらもまた、アリス・ベッケル＝ホーの『隠語の君主たち』（一九九〇年）に対する書評として書かれた「言語と人民」や、彼女の伴侶ギー・ドゥボール――本書は彼の思い出に捧げられている――の著作（一九八八年）のイタリア語版に付した論考「『スペクタクルの社会についての註解』の余白に寄せる註釈」とまったく同じ資格で、スペクタクルや言語運用を含むイメージの政治とでも形容できる大きな枠組みのなかに位置づけられる。本書の副題「政治に関する覚え書き」の冒頭（イタリア語では末尾）を占める辞項は、そのような広い範囲を指し示すものと捉えるべきである。

なかばマニフェストとして簡潔に論点の数々をまとめていると言ってよい「〈生の形式〉」と「政治についての覚え書き」は、ひょっとすると一読では意図や射程を図りにくいかもしれないが（この二論考は最後にまとめて読むのも一策である）、言うまでもなく本書の稠密な枢要である。上記「政治」の拡がりをさまざまな実例を通じて把握したうえで、充分に玩読されたい。

★

以下、各論考の初出を記し（「序」のみ書き下ろしである）、時事や辞項その他に関する、説明を要すると思われる最小限の情報を必要に応じて後続させる。

序 Avvertenza

文中、「国（ポリス）」はギリシア語 polis を受けている。この箇所にかぎらず、本書では原則として、polis（また、その訳語と想定されるラテン語 civitas やイタリア語 città）は原則として「国（ポリス）」としている（ルビのない「国」は原則として paese に充てている）。この「国（ポリス）」は、古代ギリシアにかぎらず「市民（cittadino）」が「市民権（cittadinanza）」をもって構成員となる当のものを指す。

「不分明地帯」は本書の各所に登場するが、zona d'indifferenza, zona d'indistinzione, zona d'indeterminazione, zona d'indiscernibilità を等しく受けている。指すものが実質的に同一であるため、訳し分けていない。

「言語運用」は linguaggio の訳である。人間にとって不可避の条件である、言葉を使うこと一般を指す。おおむね「言語（lingua）」と区別して用いられているが、ドイツ語 Sprache やラテン語 lingua など、両者の区別がつかないばあいは原著者の判断（訳語選択）にしたがっている。

〈生の形式〉 Forma-di-vita

以下が初出。"Forme-de-vie," *Futur antérieur*, no. 15 (Paris: L'Harmattan, 1993), pp. 81–86. イタリア語としての初出は以下のいずれかである。"Forma di vita," *Marka*, no. 30 (Macerata: Quodlibet, 1993), pp. 11–16 ; "Forma-di-vita," in Maurizio Zanardi, ed., *Politica* (Napoli: Cronopio, 1993), pp. 105–114 ; "Forma di vita," *Luogo comune*, no. 4 (Roma: General Intellect, June 1993), pp. 25–28.

vitaは「生命」「生活」などと訳されるのが常だが（英語lifeに相当）、本書では原則として統一的に「生」としている。それに対して、山括弧なしの「生の形式」はforma di vitaを受け、個々の具体的な生きかたを指す。こちらは、権力の収用対象となる生の形態である「剝き出しの生（nuda vita）」を前提としない生きかた、つまり潜勢力を手放すことのない生を指す。内実については本文を参照されたい。

生殺与奪権を指す「ウィタエ・ネキスクエ・ポテスタス（vitæ necisque potestas）」においてqueが選言的価値をもたないと言われているのは次のような意味である。ラテン語では、二つの名詞（ここではvitaとnexだが、いずれも属格vitæとnecisになっている）を並べて後者にqueを付すと「AおよびB」という意味になる。つまり、vitæ necisque potestasは文字どおりには「生の、および殺害の権力」を意味する。ところで、生と殺害のような、互いに相容れないもののばあいは、生かすか殺すかと選言的に並置されていると取るのが論理的に言って自然だが、この表現においては意味からしてvitaがnexの補項として二次的に立てられており、対等に並置されているわけではない。

人権の彼方に　Al di là dei diritti dell'uomo

以下が初出。"Au-delà des droits de l'homme," trans. Robert Maggiori & Jean-Baptiste Marongiu, *Libération* (Paris: Libération, June 9, 1993), p. 8 ; (June 10, 1993), p. 6. イタリア語としての初出は以下。"Noi rifugiati," *Luogo comune*, no. 4, pp. 1–5.

論考末尾の「四百二十五人のパレスティナ人」云々は、一九九二年十二月にハマースその他の構成員が拘束され、南レバノンのマルジ・アルーズフールに追放されたことを指すとおぼしい。

人民とは何か？　Che cos'è un popolo ?

以下が初出。"La double identité du peuple," *Libération* (Paris: Libération, February 11–12, 1995), p. 6. イタリア語としては本書が初出。

「人民（popolo）」と「〈人民〉（Popolo）」は——とくに論考後半に進むにつれて——使い分けられているが（内実は本文を参照）、その使い分けは必ずしも統一的ではない。イタリック（訳では傍点）の使用についても同様である。なお、この辞項は、とくに複数形で用いられるばあいは「民族」と訳したほうが適切と思われることも少なくないが（英語 people と同様）、本書では辞項としての popolo 自体が問題となっているため、原則として統一的に「人民」としている。

収容所とは何か？　Che cos'è un campo ?

以下が初出。"Qu'est-ce qu'un camp de concentration ?," *Libération* (Paris: Libération, October

3, 1994), p. 10. イタリア語としての初出は以下。“Che cos'è un campo,” *Volontà*, 49, no. 2/3 (Milano: Volontà, October 1995), pp. 95–101.

「一九九一年にイタリアの警察が」とあるのは、二万人のアルバニア人を乗せた船舶が八月にバーリの港に接岸し、乗っていた人々がバーリのヴィットーリア競技場に押しこめられたことを指す。

フランスの国際空港云々は、パリ国際空港（シャルル・ド・ゴール空港、通称ロワシー）に到着して庇護申請をした者が、政府による決定が下されるまで無期限で近隣のアルカード・ホテルに監禁されたことを指す。一九八〇年代末から数年間にわたって、複数の事例を報道で確認できる。

旧ユーゴスラヴィア云々は、一九九二年五月末から八月初旬まで設置されたオマルスカ収容所でセルビア人勢力によっておこなわれた、ボスニア人女性に対する組織的な強姦が念頭にある（この件は「この流謫にあって」でも言及されている）。

身振りについての覚え書き　Note sul gesto

以下が初出。“Notes sur le geste,” trans. Daniel Loayza, *Trafic*, no. 1 (Paris: P. O. L., 1992), pp. 31-36. イタリア語としての初出は以下。“Note sul gesto,” *DeriveApprodi*, no. 1 (Napoli:

Labirinto, March 1993), pp. 39–42.

言語と人民　Le lingue e i popoli

以下が初出。"Parole segrete del popolo senza luogo," *Luogo comune*, no. 1 (Roma: General Intellect, November 1990), pp. 40–42. 本書への収録にあたって、末尾の一文のみ削除されている。

文中の訳語「ジプシー」(「人権の彼方で」「人民とは何か?」にも見られる)は「ロム」とすべきところかもしれないが、「ジプシー」は原語zingariに充てるものとして慣例化しており、その語源(「小エジプト」)にも文中で言及があるため、そのままとした。原文でもromやromaníとはなっていない。

「コキーユ(Coquille)」ないし「コキャール(Coquillard)」は、本文にあるとおり、十五世紀から出現する悪党。ホタテ貝を身に着けた巡礼者を装ったための呼称とも言われるが(coquilleは貝を意味する)、不詳である。

『スペクタクルの社会についての註解』の余白に寄せる註釈　Glosse in margine ai *Commentari sulla società dello spettacolo*

以下が初出。"Glosse in margine ai *Commentari sulla società dello spettacolo*," in Guy Debord,

Commentari sulla società dello spettacolo, trans. Fabio Vasarri (Milano: SugarCo, 1990), pp. 233–250. 初期の異本に以下がある。"Violenza e speranza nell'ultimo spettacolo," *Il manifesto*, extra (Roma: Il manifesto, July 6, 1989), pp. 1–2.

ティミショアラ云々は、ニコラエ・チャウシェスク（一九一八—八九年）政権下で弾圧・殺害されたとして報じられた死体がじつは撮影のために死体公示所から引き出されたものだったという、ルーマニア革命（一九八九年十二月）に際して生じた虚偽報道（フェイク・ニュース）騒動をふまえている。当然のことながらこの虚偽報道は革命の進展やその国際的な受容にも影響を及ぼした（「この流謫にあって」でもこの件は言及されている）。

顔 Il volto

以下が初出。"Il volto," *Marka*, no. 28 (Urbino: Montefeltro, 1990), pp. 8–20.

主権的治安 Polizia sovrana

以下が初出。"La police souveraine," trans. Marilène Raiola, *Futur antérieur*, no. 6 (Paris: L'Harmattan, 1991), pp. 7–9. イタリア語としての初出は以下。"Polizia sovrana," *Luogo comune*, no. 3 (Roma: General Intellect, May 1992), pp. 1–2.

イラクによるクウェイト侵攻（一九九〇年）を承けて開始された湾岸戦争（一九九一年）では、国際連合の決議にもとづき、アメリカを中心に多国籍軍が組織された。その行動は国際的な治安作戦として、つまり多国籍軍が地球規模の警察として振る舞うようにして展開されたと言われる。本論考冒頭の記述はその点をふまえている。

polizia は「警察」とも訳せるが（英語 police に相当）、ここでは実際の警察組織がつねに念頭に置かれているわけでもないため、より広い「治安」という訳語を充てている。

政治についての覚え書き Note sulla politica

以下が初出。"Le commun: Comment en faire usage," *Futur antérieur*, no. 9 (Paris: L'Harmattan, 1992), pp. 9–14. イタリア語としては本書が初出だが、同一内容を含む異本に以下がある。"Appunti sulla politica," *DeriveApprodi*, no. 0 (Napoli: Labirinto, July 1992), pp. 10–11；"Politica," in Lucio Saviani, ed., *Segnalibro* (Napoli: Liguori, 1995), pp. 143–148.

この流謫にあって——イタリア日誌 一九九二—九四 In questo esilio: Diario italiano 1992–94

本書が初出だが、同一内容を含む短い異本に以下がある。"Dove inizia il nuovo esodo," *DeriveApprodi*, no. 5/6 (Napoli: Labirinto, winter 1994), pp. 35–36.

「タンジェントポリ」は一九九二―九三年にイタリアで明らかにされた一連の汚職事件を指す。「マニ・プリーテ」と呼ばれるその捜査は多くの政治家を巻きこむものとなった。イタリア社会党書記長だった元首相ベッティーノ・クラクシ（一九三四―二〇〇〇年）も訴追の対象となってチュニジアに逃亡し、その後イタリアに戻ることはなかった。「クラクシ起訴の認可がおこなわれなかった」云々とあるのは、議員免責特権の停止が議会で承認されなかったこと（一九九三年四月）を指す。なお、文中に頻繁に見られる「悔悟」とは、司法取引によって、自白（とくに他の関係者についての情報提供）の代わりに減刑や不起訴を求めることを指し、「ペンティティズモ」と呼ばれる。

「セナの死」とは、ブラジルの天才レーサーとして知られていたアイルトン・セナ（一九六〇―一九九四年）がレース中に事故死したことを指す（大々的に報道された）。「スターの乳癌」は不詳だが、時期的に当てはまる人物にはシルヴァ・コシナ（一九三三―一九九四年）がいる。

「煉獄の魂」は、ナーポリの街路で見られる民間信仰の形態で、素朴に彩色された素焼きの人形が何体か配置されている。典型的なものは、業火から上半身だけを出し、助けを求めて手を挙げている。

「今日、「進歩主義」的であると自らを定義づけている諸政党と、「左派」連合と言われているものが、投票のなされた大都市の行政選挙で勝利した」云々とあるのは、一九九三年後半のイタリアでの一連の行政選挙を指す。そこで組織された左派連合の数々が翌年、「進歩主義者同盟」としてまとまった。なお、その後（一九九四年）の国政選挙では先述のタンジェントポリの影響で左派は大敗し（この件への言及も文中にある）、シルヴィオ・ベルルスコーニ（一九三六―二〇二三年）が断続的に政権の座に着く長い時代が到来する。

★

私事にわたるが、本書の旧版は私にとってはじめての単行本の翻訳（しかも単独訳）だった。それは、西谷修先生や以文社社長（当時）の勝股光政さんから無数のご助言をいただきつつ（西谷先生は解題も寄せてくださった）、相当に気負って成立させた仕事だった。

原書刊行の四年後に翻訳を刊行できたということは、国際的な時代背景を共有する読者に（つまり、それほどの遅滞なく）本書の議論を日本語で紹介できたということである。また、アガンベンの著作は当時、（単行本に関して言えば）二年前に『スタンツェ』（一九七七年）が訳出されるにとどまっており、旧版刊行によって彼の政治思想に日本語で触れていただく機会をはじめて提供できることにもなった（その一年後に『アウシュヴィッツの残りのもの』（一九九八年）の翻訳が、さらにその二年後に私の手がけた『ホモ・サケル』の翻訳が刊行される）。この迅速さが、日本語におけるアガンベンの政治思想の受容への引き金としてそれなりの役割を果たしただろうことには、いまだに少しは自負を覚えるところがある。

とはいえ旧版は、まぎれもなく修業時代の産物である。その後のアガンベン自身による仕事の展開（また、それと並行してなされた研究の進展）が旧版の不完全さを徐々に明らかにしていく（たとえば、訳語選択の不適切さが判明する）ということもあった。翻訳作業当時、インターネット上の各種データベースをはじめとする調査環境が満足の行くものでないということもあった。加えて私は作業中、日本語文献へのアクセスが困難な国外に滞在してもいた。もちろん、これらはすべて言い訳である。そもそも当時の私の学識や語学力には明らかな不足があり、いまから思えばこの仕事は手に余っていた。単なる誤訳も多かった。その結果として、無数の瑕疵に覆われた翻訳を人目にさらし続けることになったわけで、名状しがたい恥ずかしさがつねにあった。

今回、ようやく汚名をわずかなりとそそぐことができたと信ずる。私は、どこまでの介入が適切なのかわからないこともあり、監訳という仕事をしてこなかった。しかし、相手が若い自分自身であれば話は別である。彼の下訳——記憶媒体の奥底で見つかった最新のデータは、なぜか旧版の入稿データよりさらに遡る段階のもののようであり、しかももはや使っていないワープロ・ソフト用のファイルだったが、それをやむなく作業の出発点とした——に、まったく遠慮することなく介入した。結果として、原形をまったくとどめない改訳版になった。少しでも読みやすい、より誤りの少ない訳文になっていることを願っている。

無二の機会をくださったことに関して、以文社の大野真さんに深く感謝する。

二〇二四年二月　高桑和巳

128, 136, 160
パウロ Paulos 154–155
パクストン、ジョゼフ Joseph Paxton 85
パスコリ、ジョヴァンニ Giovanni Pascoli 62
バタイユ、ジョルジュ Georges Bataille 12
バディウ、アラン Alain Badiou 100, 126
パノフスキー、エルヴィン Erwin Panofsky 63–64
バルザック、オノレ・ド Honoré de Balzac 57–58
ハンマー、トーマス Tomas Hammar 31
ヒトラー、アドルフ Adolf Hitler 47, 88, 164
ヒムラー、ハインリヒ Heinrich Himmler 47
フーコー、ミシェル Michel Foucault 3, 13, 159
フォースター、エドワード・モーガン Edward Morgan Forster 163
ブッシュ、ジョージ・H・W George H. W. Bush 100
プルースト、マルセル Marcel Proust 62
フロイト、ジークムント Sigmund Freud 38, 42
ヘーゲル、ゲオルク・ヴィルヘルム・フリードリヒ Georg Wilhelm Friedrich Hegel 87, 126, 161
ベケット、サミュエル Samuel Beckett 66
ベッケル－ホー、アリス Alice Becker-Ho 74, 76
ヘラー、アグネス Ágnes Heller 30
ヘラクレイトス Hērakleitos 95, 160
ベン・アザイ Ben Azzai 96
ベン・ゾーマ Ben Zoma 96
ベンヤミン、ヴァルター Walter Benjamin 11–12, 17, 64, 74, 76, 81, 120, 132
ボダン、ジャン Jean Bodin 37
ホッブズ、トマス Thomas Hobbes 10
ボテロ、ジョヴァンニ Giovanni Botero 146

ま行

マイブリッジ、エドワード Eadweard Muybridge 59, 65
マキャヴェッリ、ニッコロ Niccolò Machiavelli 84–85
マチャード、アントニオ Antonio Machado 50
マラルメ、ステファヌ Stéphane Mallarmé 70
マルクス、カール Karl Marx 12, 19, 39, 85–87, 95, 102, 111, 126, 135, 151
マルシリオ（パドヴァの） Marsilio da Padova 9, 131
マレー、エティエンヌ－ジュール Étienne-Jules Marey 61
ミルネール、ジャン－クロード Jean-Claude Milner 157
メダワー、ピーター・ブライアン Peter Brian Medawar 14
メリフィールド、メリ・フィラデルフィア Mary Philadelphia Merrifield 85
モンテスキュー Montesquieu 130

や行

ユング、カール・グスタフ Carl Gustav Jung 63

ら行

ラビノウ、ポール Paul Rabinow 13
リュミエール兄弟 les Frères Lumières (Auguste et Louis) 61
リルケ、ライナー・マリア Rainer Maria Rilke 62
リンカン、エイブラハム Abraham Lincoln 36
ルーゲ、アルノルト Arnold Ruge 151
ル・フルニエ、ペルネ Perrenet le Fournier 74
レーヴィ、プリーモ Primo Levi 151
ローゼンツヴァイク、フランツ Franz Rosenzweig 80, 113
ロベスピエール、マクシミリアン Maximilien Robespierre 36

人名索引

あ行

アーベル、カール Carl Abel 38
アーレント、ハナ Hannah Arendt 21, 26, 34, 36, 48
アイヒマン、アドルフ Adolf Eichmann 122
アキバ・ベン・ヨセフ Akiba ben Josef 96, 99
アベラルドゥス、ペトルス Petrus Abælardus 148
アヘル（エリシャ・ベン・アブヤー） Aher (Elisha ben Abuyah) 96
アポリネール、ギヨーム Guillaume Apollinaire 164
アリストテレス Aristotelēs 16, 68, 162
アルチュセール、ルイ Louis Althusser 87
アンドレ（小エジプト公） André (duc de la petite Egypte) 73
アンドロポフ、ユーリ・ヴラディーミロヴィチ Yurii Vladimirovich Andropov 100
イエス（キリスト） Yeshua 155
ヴァールブルク、アビ Aby Warburg 63
ウァロ、マルクス・テレンティウス Marcus Terentius Varro 66–68
ヴィトゲンシュタイン、ルートヴィヒ Ludwig Wittgenstein 71, 81
ヴィヨン、フランソワ François Villon 81
ヴォー・ド・フォルティエ、フランソワ・ド François de Vaux de Foletier 74
オッフェンバック、ジャック Jacques Offenbach 88

か行

カヴァフィス、コンスタンティン Konstantin Kavafis 163–164
カネッティ、エリアス Elias Canetti 88
カフカ、フランツ Franz Kafka 141, 154, 160
カプリュシュ Capeluche 122
カント、イマヌエル Immanuel Kant 70
カントール、ゲオルク Georg Cantor 103
クラウス、カール Karl Kraus 88–89
クラウゼヴィッツ、カール・フォン Karl von Clausewitz 84
クラクシ、ベッティーノ Bettino Craxi 144, 154
コジェーヴ、アレクサンドル Alexandre Kojève 126–127, 161
胡耀邦 Hú Yàobāng 103
ゴルバチョフ、ミハイル・セルゲーエヴィチ Mikhail Sergeevich Gorbachev 100

さ行

サックス、オリヴァー Oliver Sacks 61
サバタイ・ツェヴィ Sabbatai Zewi 155
シエイエス、エマニュエル・ジョゼフ Emmanuel Joseph Sieyès 36
シャルコ、ジャン・マルタン Jean Martin Charcot 60
ジャン１世（ブルゴーニュ公） Jean Ier (duc de Bourgogne) 122
シュミット、カール Carl Schmitt 51, 100, 123, 129, 131
ショーレム、ゲルショム・ゲアハルト Gershom Gerhard Scholem 79
ジル・ド・ラ・トゥーレット、ジョルジュ Georges Gilles de la Tourette 57–59
スピノザ、バルーフ・デ Baruch de Spinoza 85, 134, 148
セナ、アイルトン Ayrton Senna 141

た行

ダンカン、イサドラ Isadora Duncan 62
ダンテ・アリギエーリ Dante Alighieri 18, 80, 115
ディアギレフ、セルゲイ・パヴロ Sergei Pavlo Diaghilev 62
デュモン、ルイ Louis Dumont 38
デ・ヨリオ、アンドレア Andrea De Jorio 64
ドゥボール、ギー Guy Debord 83, 87–89, 92, 95, 125
ドゥルーズ、ジル Gilles Deleuze 64, 84
トマ、ヤン Yan Thomas 10

な行

ナポレオン・ボナパルト Napoléon Bonaparte 156
ナンシー、ジャン－リュック Jean-Luc Nancy 129, 135
ニーチェ、フリードリヒ Friedrich Nietzsche 62, 91

は行

ハイデガー、マルティン Martin Heidegger 126,

著者

ジョルジョ・アガンベン（Giorgio AGAMBEN）

1942年生まれ。哲学者。主要著作に『ホモ・サケル』（以文社）、『アウシュヴィッツの残りのもの』（月曜社）、『例外状態』（未來社）、『王国と栄光』（青土社）、『身体の使用』（みすず書房）を含む「ホモ・サケル」シリーズ（全9冊）のほか、『スタンツェ』（ちくま学芸文庫）、『散文のイデア』（月曜社）、『到来する共同体』（月曜社）、『残りの時』（岩波書店）、『思考の潜勢力』（月曜社）、『書斎の自画像』（月曜社）などがある。

訳者

高桑和巳（たかくわ・かずみ）

1972年生まれ。慶應義塾大学教授。著書に『アガンベンの名を借りて』（青弓社）、『哲学で抵抗する』（集英社新書）、訳書に上記『散文のイデア』、『ホモ・サケル』、『思考の潜勢力』、『王国と栄光』を含むアガンベンの著作多数のほか、ミシェル・フーコー『安全・領土・人口』（筑摩書房）、イヴ－アラン・ボワ＆ロザリンド・E・クラウス『アンフォルム』（共訳、月曜社）、ジャック・デリダ『死刑Ⅰ』（白水社）などがある。

目的のない手段
——政治についての覚え書き

2024年10月10日　初版第1刷発行

著　者　ジョルジョ・アガンベン
訳　者　高桑和巳

発行者　大　野　真
発行所　以　文　社
〒101-0051 東京都千代田区神田神保町 2-12
TEL 03-6272-6536　　FAX 03-6272-6538
http://www.ibunsha.co.jp/
印刷・製本：中央精版印刷

ISBN978-4-7531-0390-4

——アガンベンの仕事（以文社既刊書より）

ホモ・サケル——主権権力と剥き出しの生

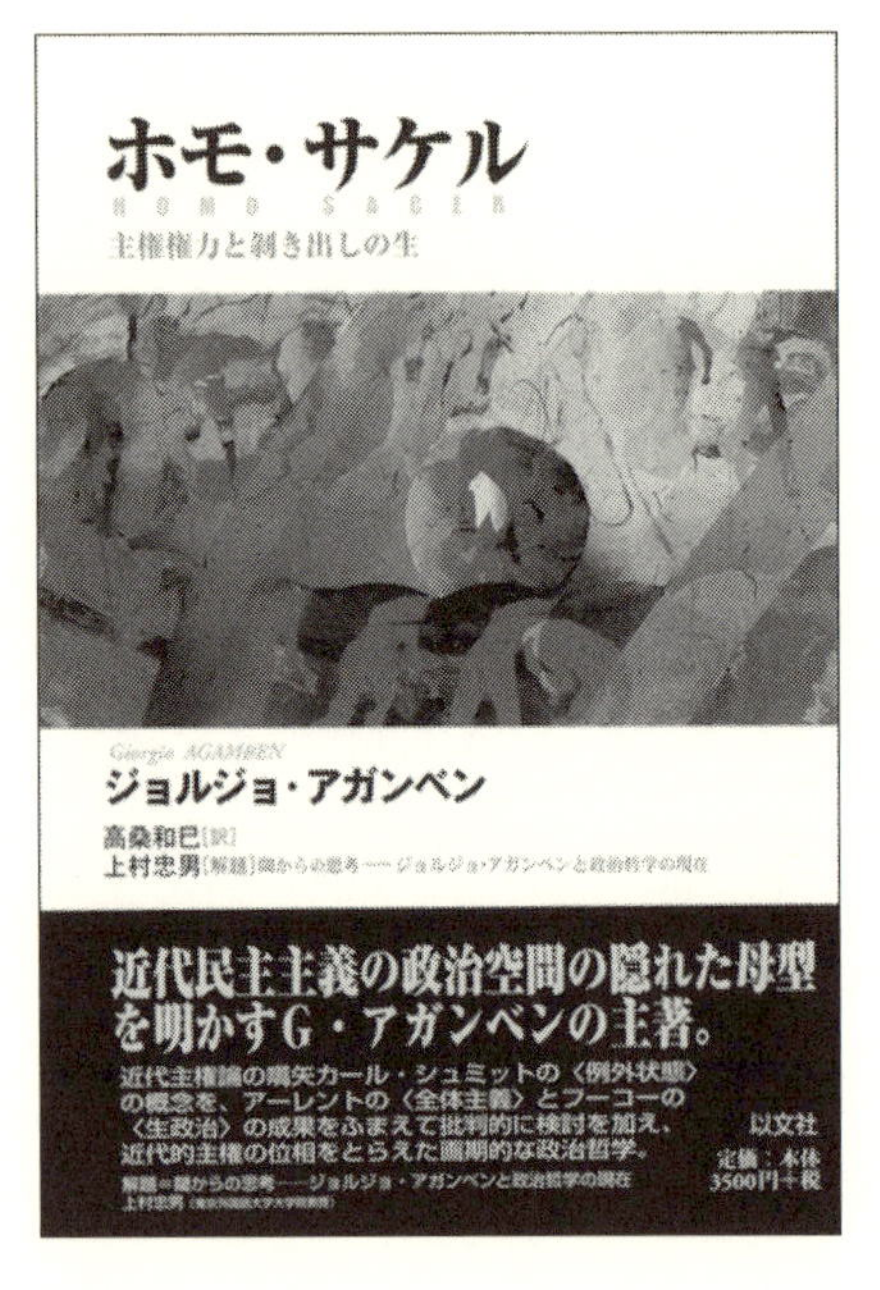

近代主権論の嚆矢カール・シュミットの〈例外状態〉の概念を、アーレントの〈全体主義〉とフーコーの〈生政治〉の成果をふまえて批判的に検討を加え、近代的主権の位相を捉えた画期的な政治哲学。近代民主主義の政治空間の隠れた母型を明かすアガンベンの主著。

ジョルジョ・アガンベン著　高桑和巳 訳／上村忠男 解題　A5判288頁 本体価格：3500円

オプス・デイ——任務の考古学

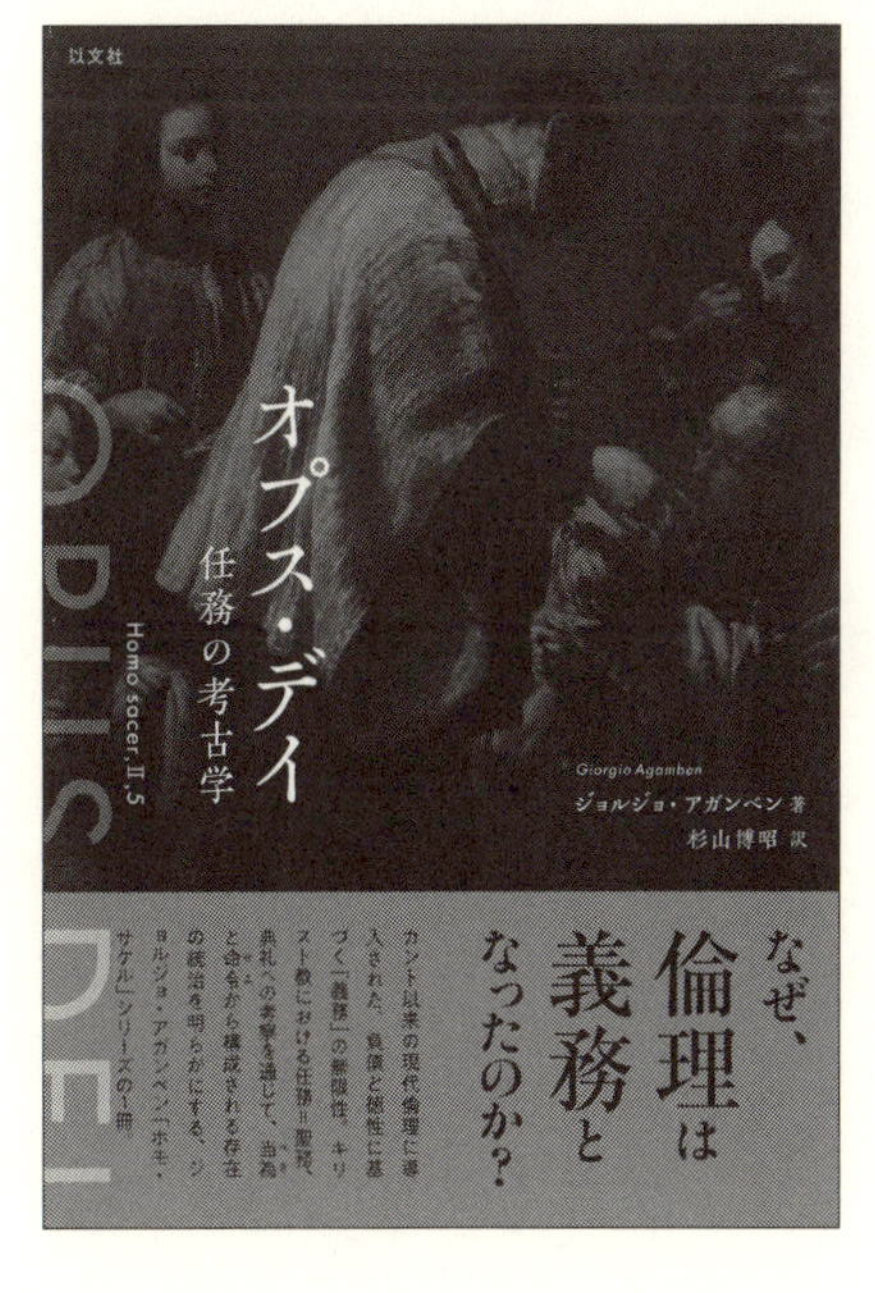

なぜ倫理は義務となったのか？　キリスト教における任務＝聖務や典礼への考察を手がかりに、カント以来の現代倫理が手中に収める「義務の無限性」に潜む無限の「負債」を明らかにする。今日、わたしたちの存在は「それ自体が、純粋な負債以外の内容をなにひとつ」持ちえない。わたしたちが認識しうる存在（ある）は、すべて当為（べき）と命令（せよ）によって構成される——存在論に政治、そして経済を接続させるジョルジョ・アガンベンの「ホモ・サケル」シリーズ続刊、待望の邦訳。

ジョルジョ・アガンベン著　杉山博昭 訳　四六判 272 頁　本体価格：3800 円

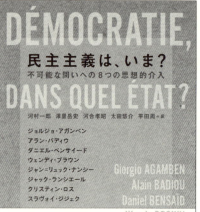

——既刊書から

無為の共同体——哲学を問い直す分有の思考

ジャン＝リュック・ナンシー 著
西谷修・安原伸一朗 訳　　A 5 判 304 頁・本体 3500 円

共同性を編み上げるのはなにか？　神話か、歴史か、あるいは文学なのか？　あらゆる歴史＝物語論を超えて、世界のあり方を根源的に問う、いま最もアクチュアルな存在の複数性の論理！

〈帝国〉——グローバル化の世界秩序とマルチチュードの可能性

アントニオ・ネグリ＆マイケル・ハート 著
水嶋一憲、酒井隆史、浜邦彦、吉田俊実 訳　　A 5 判 592 頁・本体 5600 円

グローバル化による国民国家の衰退と、生政治的な社会秩序の中から立ち現れてきた世界秩序＝〈帝国〉とは何か？　この——かつての帝国主義の時代の権力とは異なる——〈帝国〉という新たな主権的権力は、私たちの生といかなる関係にあるのか？　21 世紀を予告した世界的ベストセラー。

人民とはなにか？

アラン・バディウ、ピエール・ブルデュー、ジュディス・バトラー、ジョルジュ・ディディ＝ユベルマン、サドリ・キアリ、ジャック・ランシエール 著
市川崇 訳　　四六判 216 頁・本体 2400 円

本書（原書）の企画途中にフランスで起きた「シャルリー・エブド」事件、そして後の「愛国」による主体回復への反動は、国家の彼方へ「人民」を構築していこうとする動きへの大きな試練となった。新自由主義的グローバリズムに抗する革新的主体としての「人民」概念の再興は可能か？　世界的に著名な 6 名の思想家による論集。